나를 변화시키는 힘

강은도

KYOUNDOU

by Katsuyoshi Shimizu

Copyright© 2004 by Katsuyoshi Shimizu
All rights reserved.

Originally Japanese edition published by SOGO HOREI PUBLISHING CO., LTD.
Korean translation rights arranged with SOGO HOREI PUBLISHING CO., LTD.
Korean translation copyright© 2004 by EINBAUM/NAMUHANGURU

이 책의 한국어판 저작권은 나무한그루가 소유합니다. 신 저작권법에 의하여
한국 내에서 보호를 받는 저작물이므로 무단전제와 복제를 금합니다.

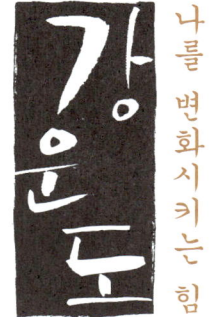
나를 변화시키는 힘

갱운도

나무한그루

저자의 말

  순수한 사람은 언제나 얻는 게 많습니다.
  왜냐하면 좋은 이야기를 들으면 곧장, 그대로 실천해 보니까요. 그리고 스스로 인정할 수 있을 때까지 이런저런 실험을 거듭하니까요. 매우 단순한 이치지요.
  독서는 마음의 양식입니다.
  몸에 영양분을 공급하는 음식은 한 끼만 굶어도 당장 배가 고파집니다. 그와 마찬가지로 독서의 힘은 우리의 마음을 부드럽고 풍요롭게 유지하는 데 꼭 필요하지요. 우리는 이 힘으로 자신과 주위 사람들을 행복의 길로 이끕니다.
  그러면 주위 사람들은 '여러분'에게 결코 등을 돌리지 않고 자꾸만 더 나은 곳으로 끌어올려 줍니다.

그것이 진정한 '강운도(强運道)'이지요.

저는 한국 사람을 무척 좋아합니다. 아직까지 한국 사람이라고는 이 책을 한국에서 출판하는 데 큰 힘과 용기를 주신 우지형 씨밖에 모르지만요.

이 책이, 아직 만나지 못한 많은 한국 사람들 앞에 진정한 행운으로 통하는 길을 놓아 주길, 그래서 여러분에게 산더미처럼 좋은 일들이 찾아오길 빌겠습니다.

시미즈 가쓰요시(清水克衛)

들어가는 말

　저는 최근에 대단한 것을 보았습니다…….
　'강운도'라는 매우 신비롭고 강해 보이는 길을 말이죠. 원래 '운'이란 녀석은 눈에 보이는 게 아니잖아요? 저도 얼마 전까지는 본 적도 들은 적도 없었답니다.
　그런데, 웬 걸요!
　한 번 운이 강해지면 그 운이 눈에 보이니 정말 놀랍지 뭡니까!
　이 책에서 그 신비로운 '길'을 여러분에게도 자세히 보여 주려 합니다. 어때요? 귀가 번쩍 뜨이지 않습니까?
　그러면 먼저 약속 한 가지만 해 주세요. 이 책은 절대로 속독하지 않겠다고요! 헤헤헤.

  천천히, 꼼꼼히, 고개를 끄덕이면서 읽어 주세요. 이런저런 토를 달지 않고 그렇게만 해 주신다면 여러분은 '강운도'로 직행!

  자, 딱딱한 이야기는 여기까지!

  저 시미즈가 출판사와 NPO법인 '독서보급협회'의 스태프들과 힘을 합쳐 만든 이 책!

  자, 쿵쾅쿵쾅 두근두근 가슴 설레며 쭈우우욱 읽어 주세요!

  참, 만약을 위해 마지막으로 말씀드리는데,

  다 읽으신 뒤 저에게 반하면 안 돼요!

  와하하하!

차례

저자의 말 _4

들어가는 말 _6

프롤로그 (Prologue) _13

숨은 이야기 첫날밤
만남이 만드는 강운도

1. 상대방을 깜짝 놀라게 하자! _30
2. 길은 열린다!? _33
3. 사이토 히토리 씨와의 흥미진진한 만남 _38
4. 스스로 발을 내디뎌라 _41
5. 상대방과 하나가 되는 연출 _44
6. 나카무라 후미아키(中村文昭) 씨와의 만남 _47
7. 운을 부르고 싶거든 먼저 웃는 얼굴 _55
8. 만남을 인연으로 키우자 _60
9. 인연 덕분에 위기가 기회로 _65

10. 고집스러울 정도로 복이 오는 이야기 _70

11. 고민을 들어주는 데서 감동이 피어난다 _75

12. 책으로 커지는 인연이 있다 _78

13. 경쟁자는 훌륭한 선생님?! _85

14. 친구가 전국으로 퍼져 간다 _91

15. 사람의 색깔을 가만히 바라보자 _94

16. 만남의 비법은 바로 이것! _106

• 칼럼 : 시미즈의 혼잣말 _107

• 시미즈 씨에게 질문! 하나 _110

숨은 이야기 이틀째 밤
책을 보는 눈이 확 달라지는 강운도

미드로그(Midlogue) _114

1. 책을 오해하고 있지는 않습니까? _122

2. '책은 이제 충분히 읽었어' 하는 말은 위험 신호 _125

3. 경영서적을 읽기 전에 기억해야 할 일 _128

4. 대각선 감각을 터득하라! _135

5. 책을 읽으며 즐거워지는 훈련, 밝아지는 훈련을 하라! _138

6. 심층심리에 파고드는 취침 전 독서 _141

7. 독서의 비법은 바로 이것! _144

• 칼럼 : 시미즈의 혼잣말 _148

• 시미즈 씨에게 질문! 둘 _150

숨은 이야기 사흘째 밤
장사의 지혜가 생기는 강운도

1. POS(판매 시점 관리) 데이터를 백퍼센트 활용하자 _156

2. 상식을 뛰어 넘자 - 80대 20의 법칙 _159

3. 제트기류를 타자 _161

4. '좋아한다' 는 말을 듣자 _165

5. 계략을 꾸미자! _167

6. 부조화가 재미있다! _170

7. 장사의 비법은 바로 이것! _173

• 칼럼 : 시미즈의 혼잣말 _176

• 시미즈 씨에게 질문! 셋 _178

숨은 이야기 나흘째 밤
자신을 믿고 강한 운을 끌어들이는 삶의 길

1. 사람에게는 굉장한 힘이 있다 _184

2. 상식의 '위'를 살자 _188

3. 액셀러레이터와 브레이크를 혼동하고 있지는 않은가? _194

4. 도대체 누구를 두려워하는가 _197

5. 말은 사람의 마음에 등불을 밝히기 위해 존재한다 _200

6. 천 리 앞에 있는 촛불을 꺼 보게 _203

7. 생각이 지나치군요! _207

8. 잘 사는 비법은 바로 이것! _211

• 칼럼 : 시미즈의 혼잣말 _216

• 시미즈 씨에게 질문! 넷 _219

에필로그(Epilogue) _223

나오는 말 _228

역자후기 _234

Prologue 프롤로그

어느 날…

정장 차림의 젊은 아가씨가 가게에 쑤욱 들어와서는 제 옆에 바짝 다가섰습니다. 저는 허리를 구부리고 책을 쌓아놓느라 여념이 없었기 때문에 이런 말이 위에서 들려왔을 때는 그만 깜짝 놀랐습니다!

"저…… 시미즈 씨, 잠깐 이야기를 나눌 수 있을까요?"

올려다보니…… 아아, 어린애처럼 순수한 눈망울을 한 아가씨가 서 있는 게 아닙니까!

저는 착! **슈퍼맨**처럼 멋지게 일어나

"네! 무슨 일이시죠?"

하고 활짝 웃어 보였습니다.

"실은 저,…… 좀처럼 맘에 드는 일을 찾을 수가 없어서 고민이에요…….

제 적성에 딱 맞는 일을 신나게 하고 싶은데, 제가 무엇을 좋아하는지도 잘 모르겠고……. 일단 지금 하고 있는 일은 도무지 재미가 없어서 직업을 바꾸려고 하는데 어떻게 생각하세요?"

흐-음? 무엇을 좋아하는지도 모르는데 '적성에 맞는 일'

전직? 을 찾아 전직? 이거 뭔가 좀 이상한데 하고 저는 고개를 갸웃했습니다.

사실 요즘 저희 서점에 들르는 젊은이들에게 가장 많이 듣는 고민이 바로 이것이랍니다. 최근 시중 서점에 '자신이 가장 좋아하는 일을 하라'고 충고하는 책이 부쩍 늘었지요? 그 탓인지 지금 눈앞에 놓인 일을 버리고 무조건 뛰쳐나오는 사람이 있는데, 저는 그들에게 물어 보고 싶은 말이 있습니다.

"자기에게 딱 맞는 일을 찾아 나서기에 앞서 아가씨, 아가씨는 지금 몸담고 있는 직장에서 **'자네 정말 마음에 드는군!'** 또는, **'자넨 정말 일을 멋지게 하는군!'** 하는 말을 들어본 적이 있습니까? 누군가가 무엇을 부탁했을 때 그것이 어떤 일이든 흔쾌히 받아들인 적이 있나요?

마음에 드는 일을 찾는 데는 말이죠, 순서가 있어요.

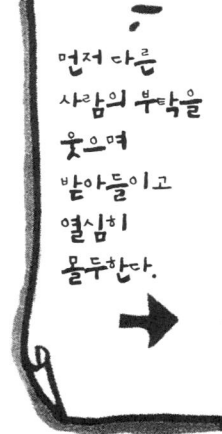

먼저 다른 사람의 부탁을 웃으며 받아들이고 열심히 몰두한다. →

> 二. 그러는 가운데 어떤 일을 훌륭하게 해내 다른 사람에게 "자네 정말 유능하군" 하고 칭찬을 받는다.
>
> 三. 칭찬을 받으면 흐뭇한 마음에 일이 좋아지고, 그러다 보면 점점 더 일을 잘하게 된다.

이것이 바로 '일을 즐기면서 성공하는' 진정한 단계랍니다. 마음에 드는 일은 이렇게 다른 사람과 기쁨을 주고받으면서 찾는 거지요……!"

아가씨는 눈을 조금 내리깔고 고개를 끄덕이며 제 이야기에 열중했습니다.

"여기엔 몇 가지 이유가 있어요.

자신의 '재능'은 사실 자신이 가장 깨닫기 어렵지요.

자신이 알고 있는 세계는 매우 좁습니다.

그 가운데서 '흥미를 끌만한 일'을 골라 봐야 이렇다 할 선택지가 떠오를 리 만무하죠.

예를 들어 전요,

직장에 잘 다니고 있는데 한 선배님이 "작은 가게를 하나 운영해 보게" 하더군요. 그래서 넵! 하고 서점을 차려 열심히 책을 팔았습니다. 그랬더니 이번에는 "책을 한 번 내 보시지 않겠습니까?" 하는 제안이

넵!

들어오더군요. 그래서 넵! 하고 선선히 받아들여 원고를 쓰기 시작했습니다. 그랬더니 이번에는 전국 각지에서 "강연을 하러 와 주세요" 하고 청하더군요. 제게 이런 일이 일어나리라고는 전혀 상상도 못했습니다. 하지만 사람들은 분명 제 안의 '무언가'를 보고 그런 제안을 했겠지요.

만약 '저는 서점을 운영하는 게 좋아요. 다른 일은 별로 하고 싶지 않습니다'라든가 '자신이 없으니 사양하겠습니다' 하고 자기가 '좋아하는' 범위나 지금까지 일해 온 범위 안으로만 세계를 한정했다면 아마 지금의 저는 없을 것입니다.

직업은 정말 다양해요. 이 세상에는 자신이 모르는 직업이 셀 수 없이 많답니다. 물론 자신이 새로운 직업을 만들어도 좋고요.

사람에게는 스스로 생각하는 것 이상으로 능력이 있답니다. 그런 몇 가지 능력이 하나로 묶일 때 다른 사람과 자신을 모두 만족시킬 자신만의 일을 할 수 있게 되지요.

그러기 위해서도 '다른 사람에게 인정받도록' 일하자고요. 넵! 하고 시원시원하게 대답하고 열심히 그 일에 매달리면 반드시 자신을 이끌어 줄 사람을 만날 수 있을 겁니다. 아시겠어요?"

여기까지 이야기하는 동안 아가씨의 얼굴은 환하게 밝아졌습니다.

저는 기뻐서 더욱 열변을 토했습니다.

"그리고 지금 눈앞에 있는 일이 별로 맘에 들지 않아도, 좀 이상한 이야기지만, 적극적으로 발 벗고 나서면 어느 새 성공으로 가는 중요한 길이 하나 트인답니다.

전 말이죠, 이래 봬도 유도를 아주 잘 해요! 검은 띠랍니다!

헤헤, 놀라셨나요? 이거, 지금이니까 자랑스럽게 말하지, 예전에는 유도 같은 거 볼썽사나운 데다 연습도 어찌나 고된지, 하루 빨리 그 시절의 악몽을 잊고 싶었다니까요.

하지만…… 지금 생각하니 그 시절은 제게 매우 귀중한

사실을 가르쳐 주었습니다. 유도와 책방, 언뜻 아무런 관련도 없어 보이죠? 그런데요, 그 부조화가 저희 서점, '독서권장'의 매력이랍니다! 쓸데없는 경험은 하나도 없어요.

웃는 얼굴로 씩씩하게 일하다 보면 자연스럽게 길이 열려요. 사람들에게 유능한 인재라는 칭찬을 듣게 되고 그와 더불어 매력적인 일들이 줄줄이 보이기 시작하지요!"

아가씨는 이제 활짝 핀 꽃처럼 화사하게 웃고 있었습니다. 그리고 눈을 반짝반짝 빛내면서 마지막으로 이렇게 말했습니다.

"맞아요, 정말 그래요. 요즘 어쩐지 마음이 초조했어요. 하지만 내일부터는 새로운 각오로 다시 한 번 열심히 뛰어 보기로 결심했어요.

'제 맘에 드는' 일을 찾기보다 우선은 '다른 사람이 좋아하도록' 적극적으로 일해야 한다는 거죠! 고맙습니다!"

헤헤헤, 잘 됐어!…… 오늘도 한 사람의 마음에 등불을 밝혀 주었구나!

이튿날, 이번에는 웃는 얼굴이 매력적인 젊은이가 가게에 찾아왔습니다.

"시미즈 씨, …… 상담 좀 할 수 있을까요?"

"네! 무슨 일이죠?"

"이번에 회사를 그만두기로 했어요. 다른 사람들에게 어느 정도 능력을 인정받았으니 앞으로는 '의뢰해 주는 일'만 하며 살고 싶어서요. 아직 구체적으로는 생각하지 않았지만 분명 어떻게든 되겠지요?"

……으~응?

의뢰해 주는 일만 하며 산다?

그거야 뭐, 멋지게 웃는 이 청년이라면 가능할 테지만…….

"그 전에 손님, 앞으로 하려는 일에는 어떤 비전이 있나요?"

"비전요?"

"네. 보아하니 손님은 재능도 풍부하고 성격도 원만한 것 같군요. 남다른 면이 엿보입니다. 이왕이면 세계를 바꿀 만한, 원대한 꿈을 꾸었으면 합니다만……."

"아뇨, 일단 처음에는 의뢰 받은 일만 잘 처리해도 충분하지 않을까 싶은데⋯⋯."

　이처럼 똑똑하고 느낌이 좋은 젊은이가 그런 생각을 하다니 안타까운 일이로고⋯⋯.

　'절대로 작은 물에서 놀게 하고 싶지 않아'

　하고 저는 생각했습니다.

　"손님, ⋯⋯ 어디를 가든 커다란 비전은 필요합니다!

　꿈은 꾸는 것, 소망은 이루는 것이라고 말하잖아요? 하지만 얼마나 큰 소망을 품느냐에 따라서 사람은 걷는 길이 완전히 달라진답니다.

　모처럼 이 세상에 태어났으니 지금까지 아무도 생각하지 못했던 '사람에게 도움이 되는 비즈니스'를 **처음부터 짜나가겠다**는 기개를 지니세요.

　회사를 그만두고 사회에 나온다는 것은 '나홀로 사회'에 '진출한다'는 뜻이기도 하죠. '의뢰해 주는 일만 하면 된다'는, 누구나 할 수 있는 생각이 아니라 자신만이 창조할 수 있는 세계를 또렷이 마음에 그려 보세요.

　그리고 그 원대한 꿈을 향해 눈앞의 작은 일을 하나하나 해치워 가세요. 그 과정을 즐기는 거죠. 그러다 보면 성공으로 끌어올리는 회오리바람이 일어난답니다. 긍정적인 마음으로 시작하면 좋은 만남이나 좋은 직원들이 자석에 끌리듯 달라붙어요. 손님, 손님이라면 틀림없이 뭔가 멋진 일을 해낼 겁니다."

청년은 이야기 중간부터 심장에 불이 붙은 듯 눈동자가 반짝반짝 빛나기 시작했습니다.

"맞아요, 정말 그래요.

잠시 이런 기분을 잊고 있었어요. '세상 어디를 가든 내 입 하나 풀칠 못하겠어~!' 하고 생각했어요. 하지만 그보다 좀더 다른 사람에게 도움이 되는, 뭔가 큰일을 하고 싶어요!

음~ 가슴이 마구 떨리는군요! 고맙습니다!"

헤헤헤, 손님. 처음부터 참 좋은 말이죠?

저희 서점에는 최근 이렇게 책을 사러 와서 여러 가지 이야기를 들려 주는 분이 많아지고 있습니다.

아아, 사람과의 만남은 정말로 흥미진진! 재미만점이지

않습니까!

저는 요즘 사람이 좋아서, 너무 좋아서 견딜 수 없답니다.

보세요, 오늘도 손님과 이렇게 인연이 닿았잖아요? 정말 기뻐요!

손님은 어디에 살고 계신가요?

음, 최근 저희 서점에는 일본 각지뿐만 아니라 해외에서도 발걸음을 해 주시는 손님이 늘어나고 있는지라, 시노자키역 앞에 있는 파출소의 경찰은 길을 묻는 사람들에게 일일이 대답해 주기도 이제 신물이 나서 지도의 *'독권' 자리에 아예 동그라미를 쳐 두었을 정도랍니다. 정말이에요.

생각해 보면 도쿄 시타마치 에도가와구의 서점 주인인 제가 이렇게 손님과 이야기할 수 있다는 사실은 참으로 고마운 일이죠. 오직 지금까지 인연을 맺어준 여러분, 그리고 이렇게 책을 사 주는 손님의 덕분입니다. 사람과 사람의 만남은 뭐랄까? 음, 우주와 우주의 충돌이라고 할까……?

장중한 드라마의 시작이라고 할까……?

아, 손님, 긴장 푸세요~!

와하하하하! 죄송합니다. 손님이 좋은 사람 같아서요, 조금 놀려 보고 싶었답니다.

뭐, 이렇게 말하는 저도 처음 만나는 사람과 이야기를 나눌 때에는 속으로 퍽 떤답니다! 사람은 누구나 첫걸음을 내디딜 땐 반신반의하며 쭈뼛거리기 마련이죠……. 그렇죠?

하지만 말이죠, 그럴 때일수록 한 걸음 더 쭉 앞으로 나가야 해요. 자기를 버리고.

그러면 생각하지도 못했던 '운'과 '기적'과 '감동'이 우르르 몰려들지요…….

거짓말 같은가요? 원하신다면 지금부터 '강운(強運)'을 끌어들여 '책 읽는 기분 (한결같은 최상의 컨디션-역주)'이 되기 위해 걸어야 할, '눈이 확 떠지는 강운도'라는 녀석에 대해 들려 드리겠습니다!

네? '기다리고 있었다'고요?

와하하하……!

손님, 그건 그렇고, 제 숨은 이야기에 관한 소문은 들으셨겠지요? '운 좋은 시미즈의 숨은 이야기'는 요즘 꽤 유명하답니다.

영업이 끝난 뒤 셔터를 반만 내린 서점 안에서 한 손에 맥주병을 들고 이런저런 깊이 있는 이야기를 나누지요.

제 이야기는 너무나 재미있어서 틀림없이 깜짝 놀라실 걸요~! 제 마음에 뜨거운 등불이 켜지면…, 손님은 좀처럼 집에 돌아갈 수 없을 겁니다.

아! 그 새 시간이 밤 10시,

영업을 마칠 시각이 되었군요. 그럼 한 잔 마시면서, 시작할까요?

이번 달 이 밤의 숨은 이야기.

…… 각오는 되었겠지요?

'**독서권장**', 아침 10시에서 저녁 10시까지. 설날과 1월 2일을 제외하고 '연중무휴'로 영업하고 있습니다.

* '독권'이란 저희 서점 '독서권장'의
애칭이랍니다.

앞으로 가끔 이 이름이 나올 테니
꼭 기억해 두세요.

숨은 이야기 첫날 밤
만남이 만드는 강운도

손님! 전 말이죠,

사람이 정신적으로 성숙하려면 '책'이나 '사람'과 만나는 수밖에 없다고 생각합니다. 그래서 맨 먼저 '사람과의 만남'에 대해 이야기하고 싶습니다.

자, 준비됐나요?

사람과의 만남은 '운'의 시작.

사람과의 만남은 '강운'의 입구.

우선 이 점을 잘 기억해 주십시오.

이것이 '일생에 단 한 번뿐인 만남'이라면 다정하게 마주 앉아 눈을 그윽하게 바라보며 서로의 마음에 밝은 등불을 밝히고 싶겠지요? 예를 들어 명함을 주고받는 것만으로 '만났다'고 말한다면 오해도 이만저만한 오해가 아니죠.

저는요, 만났을 때 상대방을 '깜짝 놀라게' 하기로 마음먹었답니다…….

1. 상대방을 깜짝 놀라게 하자!

　예를 들어 저희 독권에서 손님이 일반 서점에서 하듯이 가만히 입 다물고 서서 책을 읽고 있으면 '큰일' 납니다.
　제가 등 뒤로 슬며시 다가가 "손님, 책을 좋아하시는가 보군요?" 하고 말을 걸 테니까요~!
　그러면 손님은 "어머나!" 하고 깜짝 놀라 쭈우우욱! 등을 펴지요.
　잠시 뒤 사이가 좋아지면 이렇게 묻습니다.
　"자아~! 오늘은 제가 라면을 대접해 드리겠습니다. 맛있는 가게와 맛없는 가게가 있는데 어느 가게에다 시킬까요?"
　그러면 손님은 조금 수줍은 듯이 '풋' 하고 웃지요.

"그렇게 물으시니 맛없는 라면도 어쩐지 흥미롭게 느껴지네요."

함께 라면을 먹으면 말이죠, 이렇게 같은 냄비에 밥을 먹으면 마음이 무척 가까워진답니다. 좋겠지요?

만남이란 이처럼 마음을 트는 과정을 서로 즐기는 것이랍니다. 저는 이것저것 '시도하기'를 좋아해서요, 인상 깊은 만남을 위해 여러 가지 궁리를 많이 한답니다.

《성공한 사람들의 독서습관》에서 소개한 《정성을 다해 살자! 뭔가가 바뀐다》(마루야마 고지 지음)라는 책을 손님이 계산대로 가지고 오면 반드시 이런 말을 해 드리지요. 책을 싸면서 "이 책은 전철 안에서 읽으면 절대로 안 됩니다" 하고 말입니다. 그러면 말이죠, …… 쿡쿡쿡! 손님들은 십중팔구 전철 안에서 그 책을 읽고 말죠. 와하하하……! 사실 이 책에는 저절로 눈물이 흐르는, 좋은 이야기가 가득 담겨 있어요. 읽고 울지 않는 사람은 아직까지 한 명도 없었어요. 거의 모든 분들이 전철 안에서 이 책을 읽다가 울고 말았습니다. 울면 …… 창피하잖습니까?

'저 서점 주인의 말이 맞았어!' 하고 생각하죠. 그때부터 그 분은 저를 믿게 되고 제가 권하는 책도 믿게 되지요.

감정을 움직이는 일은 중요합니다. '웃긴다', '울린다', '깜짝 놀라게 한다' ……. 그리하여 감정이 '뭉클' 하고 움직였을 때 사람의 마음은 슬머시 열립니다.

'인사'에는 '마음을 열고' '상대방에게 쑥 다가선다'는 뜻이 담겨 있습니다. 모든 만남은 일생에 한 번뿐이므로 꼭 이를 실천해 보세요.

운을 강하게 하는 만남을 위한 비법 1

**상대방을 깜짝 놀라게 하여
그 사람의 마음에 쑤욱 다가서자고요!**

《성공한 사람들의 독서습관》 설마 이 책을 모르는 분은 없겠지만,
만에 하나 아직도 읽지 못한 분들은 당장,
"이 《강운도》와 함께 꼭 한 번 읽어 보세요!"

2. 길은 열린다!?

그래요, 물론 제가 깜짝 놀란 만남도 있었지요. 그 가운데서 가장 잊을 수 없는 만남이라면 여러분도 잘 아시는 일본 제일의 상인, 사이토 히토리^{(긴자(銀座)마루칸의 창업자)} 씨와의 만남입니다.

이야기는 '독권'을 막 열었을 때로 거슬러 올라갑니다. 《성공한 사람들의 독서습관》에서도 말씀드렸다시피, 저는 유명한 도매상 앞에서 "생선이나 야채가게처럼 계절에 맞는 책을 갖추고 손님 여러분에게 도움이 될 만한 책을 소개하는 활기찬 서점을 운영하고 싶습니다닷!" 하고 큰소리를 뻥뻥 쳤지요.

지금이야 '독권'이 여러분의 사랑을 듬뿍 받고 있지만, 서점을 처음 열었을 때는 저도 기가 팍 죽어서

'정말로 잘 해낼 수 있을까……?'

'문을 여는 날 손님이 한 명도 오지 않으면 어쩌지?'

하고 내심 걱정이 많았답니다.

일주일 전에는 잠도 이룰 수 없게 되었지요!

의외로 귀엽죠?

'어차피 잠자긴 글렀군! 전단지라도 한 바퀴 돌리고 오자!' 하고 새벽녘 집을 나와서는 신문 배달이 끝날 시간을 가늠해 살짝 신문 사이에 전단지를 끼워 넣기도 했습니다.

이따금 개나 아침 산책을 즐기는 할아버지에게

"지금 뭐 하는 겐가?" 하고 혼이 나기도 했지요…….

뭐라도 하지 않으면 초조해서 견딜 수가 없었답니다.

역시 '고민이 많을 때는 움직이는 것'이 최고죠.

드디어 가슴이 사정없이 뛰던 오픈 당일……!

과연 어땠을 것 같나요?

세상에, 이게 정말 굉장했습니다! 서점 안은 발 디딜 틈이 없었고 계산대는 북새통을 이루었죠!

"고맙습니다닷" 하고 머리를 어찌나 많이 숙였는지 고개가 아플 지경이었다니까요.

뭐~야, 장사 그거 아무것도 아니잖아! 난 정말 대단해~! 우쭐우쭐! 그러나 즐거운 비명도 잠시뿐……. 2주일쯤 지나자 점점 손님이 줄어들었습니다.

지금 생각하면 당연한 일이었죠. 맨 처음에는 가게를 연다고 홍보도 무척 많이 하잖아요.

사실 오픈이라고 한껏 들뜬 분위기가 차분해지는 때부터가 진짜 시작이라고 할 수 있지요.

'자, 이를 어쩐다……?'

……하는 생각에 다시 전단지를 돌렸을까요?

아니, 그 때는 이미 걱정 따윈 저 하늘로 날아가고 없었답니다! 사실은요, 서점 이름을 '독서권장' 이라고 붙일 때부터 저는 확신했습니다!

'우리 서점은 너무 멋있어! 그러니 재미있는 사람들이 속속 모여들 거야.'

돌아보면 이 상호를 붙일 때부터 나중에 NPO법인 '독서보급협회'를 만든 일도, 이렇게 전국 방방곡곡의 여러분과 인연을 맺는 일도 모두 모두 정해져 있었던 것 같아요, ……틀림없이!

물론 그 때는 여기까지 올 줄 몰랐기 때문에 그저 느긋한 마음으로 열심히 청소하고 직원이나 손님과 웃는 얼굴로 이야기를 나누고, 책장을 다양하고 질 높은 책으로 빼곡히 채우면서 하루하루 씩씩하게 보냈지요.

무엇이나 그렇듯이 불안한 마음으로 시작하면 부정적인 회오리밖에 일지 않아요. 사람들을 위해 살라고 모처럼 하늘에서 목숨을 부여해 줬는데 괜한 불안에 사로잡혀 소심해지면 안 되죠!

자신있게 밝은 마음으로 지내다 보면 길은 반드시 열린답니다. 저도 그때 그랬어요. 마음은 유쾌! 상쾌! 의기충천!

'자, 오늘은 무슨 일이 일어날까' 하고 날마다 눈을 반짝였지요. 그랬더니 어느 날…… 그래요, 여러분도 이미 아시다시피 사이토 히토리 씨가 불쑥 서점에 찾아왔습니다.

운을 강하게 하는 만남을 위한 비법 2

위기를 기회로 삼을 때
좋은 만남이 찾아오지요~!

3. 사이토 히토리 씨와의 흥미진진한 만남

 히토리 씨와 만나면서 한 가지 깨달은 점이 있어요.

 히토리 씨는 늘 자신이 상대방을 얼마나 소중하게 여기는지 느끼게 해 준답니다.

 예를 들어 우리가 만날 때는 히토리 씨가 먼저 저에게 관심을 보입니다. 상대방이 자신에게 중요한 존재임을 느끼게 하려면 그만큼 그 사람에게 관심을 두어야 하지요.

 사실 저도 어지간해서요, 처음 히토리 씨가 서점에 찾아오셨을 때 "이러이러한 책은 없는가?" 하고 물으시기에 "예, 있습니다" 하고 일단은 책장까지 안내했습니다만, 거기에서 "저기 말이죠, 손님······! 이 책도 좋지만, 사실은 저 책이 훨씬 괜찮답니다" 하며 다른 책을 권해 드렸지 뭡니까? 하하하하……!

그런 엉뚱한 행동을 흥미롭게 여기신 걸까요……? 히토리 씨는 그 날 처음으로 만난 제 이야기를 무척 재미있다는 듯이 귀 기울여 주셨습니다! 전 너무 기쁜 나머지 한술 더 떠서 "아, 이 책도 좋아요" 하고 부탁 받은 적도 없는데 이 책저책 꺼내어 권했답니다.

품고 있던 '끼'를 모두 발휘하여 '이 손님을 즐겁게 해 드려야지!' 하는 사명감에 불타올랐죠.

히토리 씨는 줄곧 싱글벙글 웃으면서 정말로 관심 있는 사람처럼 이야기를 들으시더니 마침내 척! 하고 10만 원짜리 수표를 내미시지 않겠어요!!

"이렇게 열정적인 젊은이가 에도가와구에 살다니 정말로 흐뭇하군~! 자, 이 십만 원, 받아 두게!"

어때요? 멋지죠? 흥미진진하죠? 정말 놀랍죠? 진짜 만남은 이처럼 '놀라움'에서 생기는 경우가 많답니다!

운을 강하게 하는 만남을 위한 비법 3

만난 사람에게는 마음을 다해
흥미를 느껴 봅시다!

4. 스스로 발을 내디뎌라

모처럼 '강운'의 입구가 눈앞에 놓이더라도 막상 그곳에 들어가야 할 때가 되면 …… 어때요? 손님, 손님이라면 기꺼이 발을 쭉 내밀 수 있겠습니까?

여기서 중요한 비법 한 가지. '스스로 한 걸음 내디디자!' 당연하죠. 이러쿵저러쿵 할 것 없이 한 걸음 앞으로 나와야 하고말고요.

한 번은 제게 이런 일이 있었습니다.

어느 날 후나이(船井)종합연구소가 주최하는 강연회에 참가한 저는 그곳에서 책을 판매하고 있는 사람들을 발견했습니다. 그런데 그 판매원들은 그 일이 별로 즐거워 보이지 않더군요. 손님이 "이거 주세요" 하고 말할 때까지 굳은 표정으로 서 있을 뿐…….

이런, 이런! 책이 아깝군! 책은 뭐든 '이걸 다른 사람들에게 꼭 읽히고 싶어!' 하는 의욕을 끌어낼 정도로 멋있는 존재란 말입니다! 그런데 그런 열의가 전혀 보이지 않더군요. 저는 그만 분노에 못 이겨 주먹을 꽉 쥐고 부들부들 떨었습니다.

그리고 곧장 그 날 처음 만난 후나이종합연구소 직원에게 달려가 이렇게 큰소리쳤습니다.

"저는 서점을 운영하고 있는 사람입니다! 다음 번 강연회가 있을 때는 제게 판매를 맡겨 주십시오! 저라면 애써 발걸음을 해 주신 손님들을 훨씬 더 기쁘게 해 드릴 수 있습니다!"

어찌나 열정적으로 말했는지 입에서는 침이 튀고 코가 벌름벌름 했지요. 그러자…… 하하, 역시 말하고 볼 일! 그 날 이후 후나이종합연구소에서 강연회를 열 때마다 판매를 부탁하는 전화가 저에게 걸려온답니다. 참으로 고마워요.

강연회는 전국 규모로 열리기 때문에 이 일을 계기로 손님과의 인연도 조금씩 전국으로 퍼져갔어요.

사실은 지금 독서보급협회에서 '이사'를 역임하고 계시는 분들이나 전국 각지에서 '지부장'을 역임하고 계시는 분들, 술 친구나 독서 친구는 대부분 이 출장 판매에서 만났답니다. 이것을 생각하면 '인연은 운의 시작'이라는 말이 더욱 가슴에 와 닿는다니까요.

운을 강하게 하는 만남을 위한 비법 4

스스로 한 걸음 내디디면
생각보다 일이 잘 풀린다!

5. 상대방과 하나가 되는 연출

　보기 좋게 출장 판매를 따낸 저는, 너무나 즐겁고 신나서 날마다 콧노래를 불렀습니다. 그도 그럴 것이 제가 한 손님께 책을 설명하고 있노라면 몇몇 분들이 귀를 쫑긋하며 주위로 몰려들지 뭐예요…….

　그렇게 무리 지어 있으면 다른 사람들도 호기심에 다가와 저는 금세 인기 연사가 되었습니다. 설명이 끝나면 모두들 기뻐하며 너도나도 앞 다투어 책을 사 주었답니다.

　이런 꿈같은 일을 경험하자 더욱 재미있고 신바람이 났지요! 자신감이 생긴 저는 더욱 실력을 발휘하여 다음을 준비했습니다.

그러니 다음 번 판매도 성황리에 치러질 수밖에요.

말리지 마세요, 여러부~운! 이제 멈출 수가 없어요오~!

아, 출장 판매 때 이런 POP를 붙인 적도 있습니다. 갑작스럽긴 하지만, 문제를 하나 내겠습니다.

1. 아홉 개의 점은 모두 네 개의 직선으로 연결된다.
2. 아홉 개의 점을 옮기면 안 된다.
3. 네 개의 직선은 한 붓에 그려야 한다.

이 문제를 5초 이내에 풀 수 없는 사람은 책을 읽읍시다!

POP를 붙이면 사람들이 "어? 저건 뭐지?" 하며 몰려와 모두 턱에 손을 괴고 생각에 잠깁니다. 그러면 손님들이 모두 하나가 될 수 있어 무척 재미있어요!

그래요, 만남이란 다른 사람과 하나가 되는 길을 찾는 일이기도 하지요.

그러고 보니 POP도 사람과의 소중한 만남을 공짜로 연출해 주니 지혜를 쥐어짠 보람이 있는, 든든한 아군이로군요!

운을 강하게 하는 만남을 위한 비법 5

상대방과 하나가 되는 연출로
만남을 훨씬 화기애애하게!

6. 나카무라 후미아키와의 만남

　자발적으로 한 걸음 내디디라고 하면 실제로 다른 사람의 발 위로 내디디는 분이 있습니다! 나카무라 후미아키 씨가 바로 그런 분입니다.

　신칸센에서 옆자리에 앉은 사람의 발을 일부러 밟고는 손수건으로 닦아 주며 이야기를 나눌 동기를 만들 정도로 '흥미진진한 만남'에 목숨을 거는 재미있는 사람이죠.

　보통 사람 같으면 '옷깃만 스친 인연'은 그것으로 끝나 버리지만 나카무라 씨는 그런 인연조차 애지중지 키운답니다. 정말로.

　자신이 쓴 책의 제목《돈이 아니라 사람의 인연으로 크게 살자!》처럼 살고 있지요. 사실 이 분과 만날 때도 꽤 재미있는 일이 있었습니다. 조금 이야기가 길어지지만 한 번 들어 보세요.

화창하게 갠 어느 봄날…….

저희 가게는 서점의 상식을 깨고 석양이 붉게 비치는, 조금 멋들어진 책방이잖아요?

날마다 주홍빛 노을을 바라보며 '과연 오늘 밤에는 어떤 손님이 한 손에 술을 들고 나타날까……?' 기대하면서 책에 빛이 닿지 않도록 서쪽 창의 셔터를 살짝 반만 내려놓는답니다.

그 날도 해가 기울어지기 시작해 슬슬 셔터를 내려야겠다고 생각하고 있었지요……. 그런데 그 때 뭔가 저녁 햇살에 '번쩍!' 하고 빛나는 것이 불쑥 서점 안으로 들어왔습니다……. 이크, UFO인가? 우주인인가?!

다시 잘 살펴보니…, 그것은 안경을 쓴 평범한 남자 손님이었습니다. 다만, 머리가…… 더 이상 반짝일 수 없을 정도로 번쩍번쩍!

　옷차림은 일반인 같은데 스님인가……?

　저는 시선을 거두고 아무 일 없다는 듯이 밖으로 나가 차양을 쳤습니다. 그리고는 다시 안으로 들어와 컴퓨터 앞에 앉아 장사를 계속했지요.

　눈가에는 아까 그 반짝이던 손님이 어른거렸습니다……. 그 때였습니다! 빛이 숨바꼭질하듯 보였다 안 보였다 하던 책장 쪽에서 "으아~~~~~!" 하고 이상한 고함 소리가 들려왔습니다!

　이런! 큰일났군. 큰일났어!

　최근 《성공한 사람들의 독서습관》이 세상에 나온 뒤부터 멋진 손님과 만날 기회가 더욱 많아졌습니다만, 이따금 독특한 손님도 계시더군요.

　'…… 역시, ……좀 특이한 사람인가? 음, 저 반짝이는 머리가 심상찮아!,

　저는 안 보는 척하면서 사알짝 그 분의 모습을 엿보았습니다.

그러자, …… '아! 이쪽으로 온다!!' 잘 보니 그는 후들후들 떨리는 손으로 책 한 권을 꽉 움켜쥐고 있었습니다.

고꾸라질 듯이 계산대 앞에 서자 눈동자를 이리저리 굴리면서 상기된 목소리로 이렇게 외쳤습니다.

"이 책…… 나카무라 후미아키 씨의 책이…… 저렇게 산더미처럼 쌓여 있어서…… 감격했습니다. 감사합니다!"

야, 뜨겁군, 뜨거워! 너무나도 뜨겁게 말하는 바람에 저도 그만 그 분의 이야기에 말려 들어갔지 뭡니까……!

이 분의 이름은…… 나카무라 후미아키 씨…… 가 아니고 조토쿠 가즈마사(淨德和正) 씨.

이름부터가 스님 냄새가 풍긴다고 생각했으나 그렇진 않고, 최근 직장을 그만 둔 진짜 평범한 사람이었습니다.

나카무라 후미아키 씨와는 사카모토 료마(坂本龍馬:일본 에도시대 (1603-1867)의 무사로, 대정봉환(大政奉還)을 주도해 실질적으로 일본의 근대화를 이끈 인물-역주)의 삶에 감명을 받은 사람끼리 일본의 내일에 등불을 밝히자는 뜨거운 뜻을 맹세한 사이라고 합니다.

정말 놀랍군!

저는 거의 감동해서 아직도 흥분에서 깨어나지 않은 조토쿠 씨와 한동안 이야기를 계속했습니다. 이야기는 여기서 끝나지 않습니다.

이튿날 아침 일찍 그에게서 전화가 왔습니다.

"시미즈 씨! 나카무라 후미아키 씨에게 '독서권장의 주인에게 감사 편지라도 내야 하지 않을까요?' 하고 메일을 보냈더니 '그거 참 기쁘군, 정말 고마운 일이야! 편지가 다 뭔가? 직접 찾아뵙고 인사를 드려야겠네' 하며 이세(伊勢)에서 올라온다는군요. 나카무라 씨와 함께 서점에 들러도 될까요?"

……그리하여 금방 만나게 된 우리는 말단 점원인 구로다에게 서점을 맡기고 아직 벌건 대낮부터 한 잔 걸치러 나갔답니다.

술자리는 무척 화기애애했습니다. 모두들 얼큰하게 취했

을 무렵, 정신을 차려 보니 나카무라 후미아키 씨가 어느새 옆자리에 쓱 다가와서는…… 갑자기 몸을 비비적비비적 갖다 대는 게 아니겠어요!

"시미즈 씨~이, 부탁이 있어요~. 사이토 히토리 씨에게 책 띠지에 실을 말을 한 문장 써 달라고 말씀해 주시면 안 될까요?"

정말이지, 두 손 두 발 다 들었습니다!

사실 이런 부탁을 하는 사람들이 요즘 너무나도 많답니다. 그렇잖아도 바쁘신 히토리 씨에게 더 이상 폐를 끼쳐서는 안 되겠기에 일절 사양하기로 마음먹었습니다. 나카무라 씨의 책은 히토리 씨도 매우 마음에 들어 했지만 그래도 평소 같으면 "죄송합니다" 하고 말했을 겁니다.

하지만 그런 큰 몸으로 연신 비비적대는 데야 저도 "항복!" 하고 백기를 흔들 수밖에 없지 않겠어요?

나중에 들어보니 나카무라 씨는 처음부터 어느 타이밍에 어떤 식으로 행동을 개시할지 치밀하게 계획을 세웠던 것 같더군요. 하하하……! 정말로 애교 만점이죠?

나카무라 씨는 이런 이야기도 들려주었습니다.

"전 말이죠, 일이든 뭐든 먼저 그것을 '어떻게 극적으로 이끌어 갈까'를 생각합니다. 그러면 '실패한들 어떠랴?' 하는 마음이 들어요.

실패도, 극적으로 여러 우여곡절을 겪으면서 실패하면 언젠가 성공했을 때 무척 재미있는 이야깃거리가 되지요.

그렇게 생각하면 두려울 게 하나도 없어요.

오히려 뭐든 와라! 실컷 즐겨 주마! 하고 모든 일을 낙관적으로 대할 수 있죠. 설령 벽에 부딪혀도 머리 속에는 베토벤의 '운명' 같은 멜로디가 흐른다니까요.

이렇게 해서 저는 눈 깜짝 할 사이에 영웅이 되었답니다. 하하하하……!"

좋은 이야기죠? 좋은 만남에서는 이처럼 살이 되는 이야기가 피어나지요.

조토쿠 씨나 나카무라 씨, 그리고 저도 그렇지만, 한 걸음 내디디는 일이 익숙해지면 즐거움은 버릇이 된답니다.

> **운을 강하게 하는 만남을 위한 비법 6**
>
> 우국지사라도 된 양 여러 나라의
> 지식인들과 이야기를 나눠 보자!

# 7. 운을 부르고 싶거든 먼저 웃는 얼굴

 그나저나 신기하다, 신기하다고 흔히 말하지만 운을 부르는 일은 별로 어렵지 않습니다. '지금 이 순간을 긍정적으로 살자'는 마음으로 밝고 명랑하게 지내면, 바로 '지금' 내는 파동이 밝은 미래를 불러들이는 거죠.

 그러니까 손님도, 이 글을 읽고 있는 '지금' 활짝 웃어 보세요.

 하나, 둘, 셋, 김~치~!

 하하하, 바로 그겁니다! 웃는 모습이 예쁜 걸요! 역시, 그 순간이 만남의 인상을 결정하지요. 입가에 늘 웃음을 띠고 있으면 틀림없이 손님에게도 좋은 운이 자꾸자꾸 들어올 겁니다.

네? 질문이 있다고요? 사람과의 인연을 소중히 하라지만 주는 것 없이 미운 사람과의 인연은 어떻게 하냐고요?

손님,…… 좋은 질문입니다!

음, 손님…… 만남엔 여러 가지가 있지요. '이 사람과 이야기하면 어쩐지 즐거워' 하고 느끼면 좋은 만남으로 이어집니다. 반대로 만난 순간부터 왠지 싫은 만남도 있을 것입니다.

그럴 때에도 어쨌든 일단은 '웃자'고 마음먹어야 합니다! 실제로 웃음이 일으키는 효과는 극적이에요. 어쩐지 불쾌한 사람이라고 생각하면서도 웃는 얼굴로 이야기하거나 칭찬하다 보면 의외로 좋은 사람이라는 걸 알게 되죠. 둘 사이에 흐르던 긴장이 사르르 녹아 분위기가 화기애애해지거든요.

웃는 것만으로 무언가가 바뀐다니 쉽잖아요?

'어떻게 하면 이 사람을 웃길까?', '어떻게 해야 재미있어 할까? 표정이 밝아질까?'하고 웃는 얼굴로 열심히 생각하면서 말하는 겁니다. 이러쿵 저러쿵 따지지 말고 한 번 해 보세요. 정말로 바뀌어 깜짝 놀랄 테니까!

웃는 얼굴이라고 하니 바로 떠오르는 책이 있군요.

《복을 주는 신이 된 소년-센다이 시로(仙台四郎) 이야기》 / (오카 슈조 지음) 이 책에는 센다이 시로 씨가 멋지게 웃는 사진이 실려 있습니다. 그 표정이 얼마나 아름다운지……. 마치 아기처럼 해맑답니다.

시로 씨는 메이지(1868~1912) 초기 미야기 현의 센다이에 살았던 실재 인물입니다.

이 분은 '웃는 얼굴' 하나로 덕을 쌓았어요. 사람들은 그를 '복을 불러 장사를 번성케 하는 신'이라고 불렀습니다. 그는 사람의 속마음을 꿰뚫어 보는 힘이 있었나 봐요. 신기하게도 그가 자주 들르는 가게에는 복이 넘치고 가까이 하지 않는 가게에는 행운도 따르지 않았다고 합니다.

자주 들르는 가게와 가까이 하지 않는 가게……!

그 차이는 도대체 무엇이었을까요?

어느 날 가까이 하지 않는 가게의 주인에게 시로 씨가 말했답니다.

"그렇게 무서운 얼굴 하지 말고 저처럼 웃어 보세요."

……웃는 얼굴은 그것만으로 '복'을 부릅니다. 우리도 다른 사람의 말 한마디에 울고 웃지 말고 시로 씨처럼 언제 어디서나 밝게 웃자고요!

하지만 가끔 아무리 노력해도 '뭐야, 이 사람!' 하고 자리를 박차고 나오고 싶을 정도로 영 기분이 언짢은 만남도 있긴 해요~!

그럴 때에는 그 사람과 맞지 않는 것이므로 되도록 만나지 않는 게 좋습니다. 싫으면서도 억지로 참고 만나는 사람이 있는데, 중요한 것은 언제나 산뜻해야 한다는 점이죠. 무리해서 좋은 일은 하나도 없답니다.

예를 들어 손님과 저는 마음이 맞으니까 이렇게 이야기를 나누고 있겠죠? 그렇지 않으면 이 책을 여기까지 읽었을

리 만무하죠. 제가 들려 드리는 이야기가 마음에 들지 않는다면 베개로 베고 주무셔도 괜찮아요. 서로의 건강을 위해서도 그 편이 낫지요. 인생은 여행이니까 이왕이면 기분 좋은 친구와 함께 가야죠. 그러기 위해서도 '좋은 만남'을 소중히 가꾸며 한껏 즐기자고요!

흥미진진하게 살다 보면 반드시 재미있으면서도 행운을 가져다주는 친구를 만날 수 있을 겁니다.

운을 강하게 하는 만남을 위한 비법 7

그래도 웃어요!

8. 만남을 인연으로 키우자

　제가 공을 들이고 있는 NPO법인 '독서보급협회'에는 뒤에서 협회의 일을 조종하는 사람이 있답니다. 사무국장인 아다다 스즈키 씨.

　그와의 만남은……시시해서 말이죠~. 하하하하.

　에도가와구 시노자키마치에 서점을 연 지 일 년도 채 지나지 않았을 무렵, 스즈키 씨의 후배가 그와 함께 저희 서점에 비치되어 있는 《지구 환경에 친숙한 토양개량 자료》라는 책을 사러 왔어요. 그 때 처음 만났지요. 뭐, 그는 책을 사러 온 건 아니었어요.

　그저, 그도 같은 시노자키마치에 살고 있어서 이러쿵저러쿵 이야기를 나누다 함께 술을 마시러 갔답니다. 그런 거 있잖아요. 근처에 UFO를 좋아하는 사람이 살고 있으면 'UFO연구회'라는 이름 아래 모여 술을 마시고, '몸에 좋은 물'이 화제에 오르면 '깨끗한 물 연구회'라는 이름 아래 모여 술을 마시고, 뭐 요컨대 마시며 떠들기 위해 모이는 거요. 그런데 어느 날 보니 그렇게 모인 회원이 꽤 되더군요!

역시 '술자리'는 참 좋아요.

이제 막 만난 사람들이 함께 술을 마시며 웃는 동안 어느새 마음을 털어놓게 되잖아요. 상대방의 이야기를 진지하게 들어주기도 하고요.

그래서 좋은 사람을 만나면 일단은 함께 술을 마시러 가야 한다니까요. 강력 추천!

메이지유신은 술자리에서 태어났다고 저는 굳게 믿습니다.

아무튼 그러던 어느 날 손님으로 온 열일곱 살짜리 여고생이 "전 미성년자라 술을 못 마셔요. 술을 마시지 않아도 모일 수 있는 자리가 있으면 좋겠어요" 하고 말하지 뭐예요. 그래서 시작한 것이 '작은 추천'이라는 이벤트랍니다. 이 이벤트에서는 제가 '이 사람 재미있군' 하고 생각한 분께 어떤 주제든 상관없으니 사람들에게 도움이 될 만한 '작은 추천'을 해 달라고 부탁합니다. 저도 가끔 이야기를 하지만 어디까지나 주역은 일반인이죠.

 행사가 끝나면 물론 술집으로. 이 이벤트가 독서보급협회의 전신이라고 할 수 있습니다.

 이런 기획은 모두 아다다 스즈키 씨의 머리에서 나왔어요. 딱 한 번 그의 머리 속을 들여다 본 적이 있는데요, 사람과 사람을 잇는 연(緣)회에 관한 기획으로 가득하더군요.

 아무튼 모든 일은 '술자리'에서 파생되어서, 그 밖의 이벤트도 다 거기에서 논의되었답니다.

 예나 지금이나 이 술자리는 변한 게 하나도 없어요. 여전히 유쾌하고, 편안하지요. 하긴 "술을 마시지 않아도 모일 수 있는 자리가 있으면 좋겠어요" 하고 말한 여학생마저도 어느 새 화려한 술꾼으로 성장했으니…….

'다른 업종에서 주최하는 교류회'에 익숙한 분들이 훌륭한 이야기를 기대하고 저희 협회의 이벤트에 찾아오신다면 어? 하고 고개를 갸웃하실지도 모르겠습니다. '스터디'도 아니고 '책'에 대해 열정적으로 침을 튀겨가며 토론하는 것도 아니니까요.

그럼 도대체 무엇을 하느냐고요? 말 그대로 '연(緣)회'이지요.

여러 가지 일을 하는 사람들, 여러 가지 상황에 놓여 있는 사람들이 여러 가지 색깔을 벗어 던지고 본디 자신으로 돌아와 잠깐 동안 한데 모여 크게 웃고 떠듭니다. 특전이라고 하면 ……그래요, 돌아갈 때 재미있는 별명이 하나씩 붙지요. 헤헤헤.

하지만 그런 모임에서 피어나는 의리와 인정. 이것이야말로 무엇과도 바꿀 수 없는 귀중한 공부가 아니겠어요?

독서보급협회에서 추진하려는 주요 사업 가운데 하나는

이런 식으로 형식에 얽매이지 않고 '사람과 사람이 만나는 자리'를 주선하고, 그 만남이 인연으로 이어지도록 돕는 일입니다.

  어쩌면 그게 실생활에 얼마나 유용하냐고 반문하고 싶을지도 모르겠군요. 하지만 책을 좋아하는 사람들이 모여 옷깃을 스치다 보면 좋은 일이 생길 게 **뻔하잖아요**!

운을 강하게 하는 만남을 위한 비법 8

한 잔 마시면서 만남을
인연으로 키우자고요!

9. 인연 덕분에 위기가 기회로

　그런데 손님, …… 손님은 다른 사람의 이야기를 정말 잘 들어 주시는군요! 저도 모르게 흥이 나서 시간이 가는 줄도 몰랐지 뭐예요.

　네? 질문이 있다고요? 지금까지 시미즈 씨는 줄곧 그렇게 나는 새라도 떨어뜨릴 기세로 돌진해 왔느냐고요?

　핫핫핫 …… 맞아요, 저는 태어날 때도 이 세상에 달려 나왔다니까요! 하하, 농담이에요. 하지만 어릴 적부터 성격이 이랬어요. 하긴 저도 산전수전이라는 걸 겪긴 했지요.

　아, 손님의 말씀에 생각났는데요, 사실은 위기가 찾아왔을 때에도 전 역시 인연의 도움을 많이 받았답니다…….

어느 날 …… 말단 점원인 구로다가 걱정스러운 목소리로 제게 말하더군요.

"점장님, 역 앞에 우리보다 큰 서점이 생겼어요!"

…… 그래? 뭐, 그럴 수도 있지. 저는 별로 동요하지 않고 얼마 동안 돌아가는 상황을 지켜보기로 하고 여느 때처럼 활기차게 보냈습니다……. 그런데 뜻밖에도 손님의 발걸음이 하루가 다르게 뜸해지는 게 아니겠어요?

이크~! 이거 보통 일이 아닌데…….

사람이라는 게 원래 배가 부르면 머리가 녹슬잖아요? 생각하면 생각할수록 점점 더 수렁에 빠져 들어가 앞이 캄캄하더군요. 모두들 걱정으로 얼굴에 먹구름이 잔뜩 꼈지요.

그때 늘 그렇듯 훌쩍 나타나신 분이 사이토 히토리 씨였습니다.

"뭐 좋은 책 좀 있는가? …… 아니, 무슨 일이지? 모두들 표정이 왜 그러나?"

저는 히토리 씨께 여차여차 그 간의 사정을 설명해 드렸습니다.

그랬더니 히토리 씨가 이런 말씀을 하시지 않겠어요?

"그래? 그럼 우리 마루칸의 상품을 들여놔 보게. 하나도 안 팔려도 괜찮으니까 속는 셈치고 한 번 해 보게나. 우리 회사는 운이 좋다네. 운이 좋은 것과 어울리면 운이 풀리게 되어 있어. 정말일세. 운이란 이상하게도 그런 거라네."

저는 서둘러 마루칸 특약점에 전화해 상품을 서점 한쪽에 비치해 놓았습니다.

그런데 이게 웬일입니까? 하나도 안 팔리기는커녕 없어서 못 팔 지경으로 눈 깜짝 할 사이에 그 상품이 동이 나 버리지 뭐예요! 그뿐만이 아닙니다. 마루칸의 상품을 사 가신 손님들께

"덕분에 어깨 위로는 올라가지 않던 팔이 이제는 쑥 올라간다네."

"고민거리였던 여드름이 더 이상 나지 않아요."

하는 감사 인사까지 들었답니다.

이렇게 해서 전혀 생각하지도 못한 방법으로 이웃 주민들의 사랑을 한몸에 받게 되었지요. 사실 '운'은 여기서 끝나지 않았습니다.
　이 무렵부터 저는 인터넷에도 서점을 열고 책을 판매하기 시작했습니다. 그런데 멀리 지방으로 출장 판매를 나갔을 때 만난 분들이 이곳을 애용해 주셔서 대성공!
　또 히토리 씨가 책을 내실 때 출판사에서 친절하게도 저희 서점의 주소를 실어 주셨거든요. 그 책이 날개 돋친 듯 팔렸고, 덕분에 책에 실린 주소를 보고 손님들이 찾아 주시고…….
　게다가 세상에, 제가 존경하는 작가 '하이브로 무사시' 씨가 《독서력》이라는 책 안에 저를 소개해 주시다니……!
　그런 인연으로 마침내는 제가 직접 《서점주인과 부자상인》이라는 책을 내게 되었고, 이 책이 무려 12만 부나 팔리는 베스트셀러가 되었습니다.
　정말 놀랍고 신기할 따름입니다!

> **운을 강하게 하는 만남을 위한 비법 9**
>
> '운이 좋은 것과 어울리면
> 운이 자꾸만 달라붙는다.'
> 이 말은 정말로 진리라고
> 저는 뼈저리게 실감했습니다!

10. 고집스러울 정도로 복이 오는 이야기

 손님, 이쯤에서 잠시 숨도 돌릴 겸 저희 서점에서 실제로 있었던, 굉장히 재미있는 사이토 히토리 씨의 이야기를 들려 드릴까요?
 어느 날, …… 저는 연거푸 이 말을 외쳐댔습니다.
 "와! 이거 엄청나군!"
 규슈에 사는 손님에게서 택배로 배달된, …… 미끈미끈 반짝반짝 빛나는 하얀 것……. 그것은 제가 태어나서 지금까지 한 번도 본 적이 없는, 세면기만큼이나 커다란 두부였습니다. 잘 살펴보니 편지 한 장이…….
 "늘 정성껏 보살펴 주셔서 감사합니다. 저는 사이토 히토리 씨의 팬이랍니다. 이것은 무척 맛있는 두부입니다. 히토리 씨와 시미즈 씨 두 분이서 함께 드세요."

과연 인생은 무슨 일이 일어날지 정말로 알 수 없다니까요! 두부라면 사족을 못 쓰는 전 뛸듯이 기뻤습니다.

그런데 이 두부가 너무 커서 냉장고에 들어가질 않더군요……! 음~, 어쩐다 ……? …… 히토리 씨께도 드려야 하는데 언제 들르실지 도무지 알 수 없고……. 만약 이 더위에 상하기라도 하면 애써 보내주신 손님께 죄송하고…….

두부는 반짝반짝 빛을 내며 가만히 저를 바라보고 있었습니다……. 에잇! 어쩔 수 없지! 저는 드디어 결론을 내렸습니다. 미묘한 숟가락 어림으로 휘익 간장을 두르고 얇게 저민 생강을 살짝 얹은 다음, …… 군침을 꿀꺽……!

"잘 먹겠습니다~아!"

하고 두부를 막 입에 넣으려는 순간이었어요. 세상에, 이럴 수가! 때마침 히토리 씨가 서점 문을 열고 들어섰습니다! 늘 그렇듯 "어이! 뭐 좋은 책 좀 있는가?" 하며.

저는 정말로 귀신을 본 듯 깜짝 놀랐습니다.

"힛, 히토리 씨! 좋은 책이고 뭐고, 지금 그게 문제가 아니에요. 엄청난 일이 일어났어요! 이렇게 커다란 두부가 여차여차 해서 저희 서점에 배달되었지 뭐예요! 지금 젓가락을 가져오겠습니다. 마침 잘 됐네요! 이리로 앉으세요."

"아~ 그래? 그거 참 고맙군. 그럼 어디 한 번 먹어 볼까? …… 아니? …… 내가 왜 손에 젓가락을 들고 있지?"

그래서 보니 히토리 씨의 손에는 젓가락이 꽉 쥐어져 있더군요.

"앗! 정말이네! 히토리 씨, 오늘 저희 서점에 두부가 배달될 거라는 사실을 알고 계셨습니까?"

"아니, 전혀."

"그럼 어째서 젓가락을……?"

"글쎄, 나도 잘 모르겠군. 음~ 뭐, 아무려면 어떤가? 전에도 종종 그런 일이 있었다네. 그럼, 잘 먹겠습니다~아!"

"잘 먹겠습니다~ 아!"

덥썩.

"맛, 맛있어요오~!"

"오, 맛있군."

"이렇게 맛있는 걸 보내 주시다니 정말 고맙군요. (우물우물) 그나저나 히토리 씨, 젓가락을 들고 서점에 오시다니 좀 어처구니가 없을 정도로 신기하네요. 왓핫핫핫!"

"하긴 그래, 왓핫핫핫!"

손님, 입이 딱 벌어지셨군요…….

네? 그런 터무니없는 이야긴 믿지 않으신다고요?

아뇨, 이건 정말로 '실화'입니다. 그 증거로, 히토리 씨는 두부를 드신 뒤 이런 이야기를 해 주셨답니다.

"완복(頑福)이라고……, 고집스러울 정도로 복이 찾아오지. 맛있는 두부가 배달된 날 내가 이곳에 왔지 않나? 거기다 젓가락까지 들고 말야. 이건 우연치곤 대단한 우연이지. 하지만 운이 좋은 사람은 무슨 일에나 그렇게 운이 좋다네."

어때요, 손님?

생각해 보면 행운은 가끔 순진하고 독특하단 말이에요. 따뜻하고 어쩐지 '장난꾸러기' 같은 느낌이 들어요.

운을 강하게 하는 만남을 위한 비법 10

완복은 운이라는 생물에게
사랑 받는 사람에게 찾아오며,
운이라는 생물은 다른 사람에게
사랑 받는 사람을 좋아한다

11. 고민을 들어주는 데서 감동이 피어난다

그나저나 책이 베스트셀러가 되자 저희 가게에는 운과 함께 산더미 같은 일복이 날아들었습니다. 갑자기 고민을 털어놓는 사람이 부쩍 늘어나 깜짝 놀랐어요.

저기요, 전 그냥 고지식한 책방 아저씨랍니다! 카운슬러가 아니에요…….

처음엔 솔직히 당황스럽더군요.

하지만 이내 사람은 만남을 갈구하는 생물이라는 사실을 조금씩 깨닫기 시작했어요.

고민하지 않고 살기 위해 책이 존재하지요. 그러나 책만 읽어서는 뭔가 석연치 않은 것이 사람이잖아요…….

"좋아, 한번 부딪혀 보자!"

이상하게도 그렇게 결심하자 고민을 들어 주고 대답하는 일도 길이 보이더군요.

뭔가를 고민하는 것은, 나카무라 후미아키 씨의 말을 흉내내는 건 아니지만, 어떤 의미에서 드라마와 비슷해요.

그 사람의 드라마에 맞는 책을 권하거나 이야기를 해 드리면 손님들이 감동하고 기뻐해 주시더군요. 그러면 그 일이 제게 드라마가 되었죠. 제게 기쁨과 감동으로 되돌아 왔어요. 또 그런 이야기를 듣고 있노라면 세상이 어떻게 돌아가는지 또렷이 보여요.

유행하는 책을 읽고 오히려 고민하는 손님의 모습을 보며 세상의 함정이라는 것도 깨달았답니다.

이렇게 해서 '실천'과 '책에서 얻은 지식' 사이를 오가며 다른 사람을 돕는 일은 제게 무엇과도 비교할 수 없는 행복이 되었습니다.

아니, 손님! 손님은 이것을 제 이야기라고 생각하며 들으실지 모르겠지만 손님도 마찬가지입니다! 누군가가 고민을 털어놓으면 그 사람과 함께 드라마를 풀어나가 보세요! 틀림없이 감동이 찾아올 겁니다.

  그 기쁨을 위해서라도 좋은 책을 많이 읽으십시오.

운을 강하게 하는 만남을 위한 비법 11

상대방을 돕는 기쁨이
자신을 성장시킨다!

12. 책으로 커지는 인연이 있다

 여러분에게 좋은 책을 소개해 드리려면 다른 사람에게 "이런 좋은 책을 발견했어요!" 하는 정보를 듣는 일도 매우 중요하답니다. 자신이 읽지 않는 분야의 책이나 일반적인 유통 경로를 거치지 않는 책 가운데서도 멋진 책이 세상 모르고 잠들어 있어요…….

 그런 귀중한 정보를 손님이나 친구가 전달해 줍니다. 말하자면 입소문이죠. 인연이 가져다주는 것은 유형·무형으로 헤아릴 수 없이 많아요. 그렇기 때문에 만남은 역시 무시할 수 없다니까요!

 여러 사람에게 좋은 책을 소개받아 읽어 보았을 때 '이 책 참 좋군……!' 하는 생각이 들면 저는 곧장 저자에게 달려가 직접 만나 뵙고 책을 건네받았습니다.

그 가운데 한 분이 후지모토 고호(藤本幸邦) 씨…….

현재 저희 독서보급협회는 전국에 계신 여러분께 《신발을 가지런히 해요》의 정신을 전달하려 생명을 불사르고 있답니다.

후지모토 고호 씨는 바로 이 정신의 창시자로서 일본뿐만 아니라 전 세계 어린이들이 '아저씨'라고 부르며 사랑하는 아흔 살의 스님입니다.

정말 대단한 분입니다~! 도무지 아흔 살 같지가 않아요! 쩌렁쩌렁한 목소리가 배에서 울려 나옵니다. 강연 도중에 갑자기 멋진 노래를 부르시기도 하는데 이게 또 얼마나 심금을 울리는지요!

강연이 끝나고 대기실에서 인사를 나누었을 때 저는 그분의 '뜨겁고 고결한 혼'에 그만 넋을 잃고 말았습니다.

사람이라면 저 정도는 되어야 하지 않겠는가!

《신발을 가지런히 해요》 정신은 틀림없이 일본의 내일을 바꿀 것입니다……!

저 시미즈는 목숨을 걸고 이 정신을 전국 방방곡곡에 전달하기로 결심했습니다.

다음으로 다치바나 다케이(立花大敬) 씨…….

이 분의 책《마음은 고무줄?!》은 사이토 히토리 씨께 소개를 받았습니다. 너무나 대단한 책이어서 발행처인 '본심암'에 문의하니 이케다 히카루 사장님이 이런 말씀을 하시더군요.

"다케이 선생님은 이 책을 서점에서 팔고 싶어하지 않으십니다. 왜냐하면 이 책은 필요한 사람의 손에는 반드시 들어가게 되어 있기 때문이라시더군요."

다케이 씨를 찾아뵈니 고등학교에서 교편을 잡고 계신 겸허한 물리 선생님이셨습니다. 청렴한 마음이 마주 앉은 제게도 스며드는 듯했습니다. 감동한 저는 이케다 씨를 붙잡고 "저희 서점에 그 책을 꼭 좀 들여놓을 수 없을까요?" 하고 여러 차례 부탁드려 보았습니다만 이케다 씨는 웃으며 고개를 저으실 뿐……. 저는 잔뜩 풀이 죽어 돌아올 수밖에 없었습니다.

그런데 세세세상에! 이게 웬일입니까? 일주일 뒤 이케다 사장님이 '독권'에 찾아오셔서는 저희 서점을 구석구석 살펴보시더니

"멋진 서점이로군요. 이런 서점이라면 저희 쪽에서 부탁을 드리고 싶을 정도입니다. 꼭 책을 비치해 주시지 않겠습니까?"

하고 말씀하시지 뭐예요! 정말 꿈만 같았습니다!

이후 저는 다케이 선생님의 책을 손님들에게 열심히 권해드렸어요. 그 책을 읽은 손님들은 한결같이 기뻐하며 고맙다는 인사를 하시더군요. 앞으로도 이 책이 꼭 필요한 분이 찾아오시면 그 손에 확실하게 전해드리려 합니다.

그리고 야마모토 가쓰코(山元加津子) 씨…….

《정말이니까 – '언젠가 올 좋은 날을 위한' 우주의 비밀》

어린아이처럼 천진난만하고 귀엽고 멋진 여성, 갓코짱!

이 분과의 만남에는 목숨이 걸린 근사한 드라마가 있답니다. 그에 관해서는 언젠가 다시 숨은 이야기를 할 때 자세히 말씀드리기로 하죠.

갓코짱의 책은, 이러쿵저러쿵 할 것 없이 지금 바로 사서 읽어 보세요! 틀림없이 여러분의 혼이 굉장히 기뻐할 겁니다!

이밖에도 훌륭한 분들과 만나면서 엮어낸 드라마가 많습니다. 그 일들은 아마 평생 잊지 못할 거예요. 이렇게 저자들을 직접 찾아뵈니까 책이란 저자가 내보내는 파동이라는 사실을 새삼 알겠더군요.

세상에 나온 책에는 그 저자가 사는 법이나 인격이 그대로 배어 있지요. 그러니 손님들에게 좋은 책을 권해 드리기 위해 제 생명을 불사를 수밖에 없지 않겠어요!

감동은 언제나 사람에게서 비롯됩니다. 그 감동을 어떻게든 한 사람이라도 더 많은 손님에게 전달하고 싶습니다!

최근 《성공한 사람들의 독서습관》이 출간되자 출판사나 저자들이 의견을 듣고 싶다며 저에게 원고를 보내는 일이 많아졌어요.

원고를 읽었을 때 '이거야!' 하고 느낌이 오면 곧바로 인연을 맺고 만남을 시작합니다.

거기에서 또 멋진 책이 태어나는 것이죠!

《성공한 사람들의 독서습관》을 내 주신 종합법령출판과 함께 여러 가지 재미있는 책을 만들었습니다.

《휴대 전화 메일이 손님을 물고 늘어진다!》, 《호이호이 선인의 '좋은 일'이 일어나기 시작하는 신기한 주문》 등.

독서보급협회가 강력하게 추천하는 책들이니 꼭 읽어 보시기 바랍니다!

이처럼 책을 통해 여러 가지 형태로 세상에 도움을 주는 일은 정말로 즐겁습니다. 사람과 사람을 이으면 거기에서 다시 기쁨의 고리가 커진답니다.

운을 강하게 하는 만남을 위한 비법 12

행운은 책을 통해 더욱 커진답니다.
그러니까 손님, 좋은 책이 있으면
망설이지 말고
꼭 다른 사람에게 추천해 주세요!

13. 경쟁자는 훌륭한 선생님?!

　그런데 손님은 유도의 야마시타 야스히로^(山下泰裕) 선수와 사이토 진^(齋藤仁) 선수가 금메달을 놓고 싸운 시합을 아십니까? 저는 유도를 무척 좋아해서 처음 만난 분께 으레 이 이야기를 꺼내게 되더군요. 하지만 들어 두시면 정말 좋~을 거예요.

　야마시타 야스히로 씨는 굉장히 강한 유도 선수였답니다. 하지만 스포츠는 나이가 한정되어 있잖습니까?

　'유도의 신'이라고 불렸던 야마시타도 어느 새 체력이 그전 같지 않다는 소문이 나돌기 시작했습니다. "도대체 언제 은퇴할까?" 하는 목소리도 공공연히 들려왔지요.

한편 사이토 진 씨는 유도계의 떠오르는 샛별이었습니다. 충분히 금메달을 딸 수 있을 정도로 실력이 대단했지요. 야마시타를 '이빨 빠진 호랑이'라고 하면 사이토는 '한창 피가 끓는 젊은 호랑이'였어요. 이 시합은 보나마나 사이토가 우승할 것이라고 누구나 그렇게 생각했습니다.

 드디어 시합 날이 왔습니다…….

 승패는 반반, 손에 땀을 쥐게 하는 경기였습니다! 야마시타는 젊은 사이토에 비해 체력이 모자랐습니다. 스스로 그 사실을 잘 알고 있었기 때문에 당연히 '빨리 승부를 내야 한다'는 생각에 초조해졌지요.

 야마시타가 불시에 '안다리후리기'를 걸었습니다!

 하지만 사이토는 그 공격을 꽉 버텨내더니 보기 좋게 역습! 백기가 획 올라가, 비록 유효는 아니었지만 포인트를 한 점 따냈습니다. 그런데,…… 웬일인지 사이토가 갑자기 다리를 절룩거리며 타임아웃을 요청했습니다.

 도대체 왜 그랬을까요?

'유도의 신이라고 불리는 야마시타에게서 처음으로 점수를 따냈다……!'

이 기쁨에 흥분한 자신의 머리를 조금 식혀 냉정을 되찾으려는 것이었지요.

한편 야마시타도 동요했습니다. 아니, 사이토 이상으로 궁지에 몰려 여유가 없었습니다.

'나는 포인트를 잃었어. 이대로 가다간 지고 말아……!'

그래서 야마시타는 생각했습니다.

'먼저 포인트를 딴 사람이 유리하긴 하지만 틀림없이 점수를 지키려 들 거야. 내가 쭉쭉 앞으로 나가면 사이토는 초조해져서 더욱 수비로 돌아서겠지. 점수를 지키려 할수록 상대방의 몸은 꼼짝도 못하게 될 거야.'

자, 시합 재개! 과연…… 결과는 어떻게 되었을까요?

결과는 야마시타의 생각대로 나타났습니다. 야마시타는 몸을 움직일 수 없게 된 사이토를 판정으로 몰아붙여 보기 좋게 우세승을 거뒀습니다!

'유도의 신'이 금메달을 결정짓는 순간이었습니다. 야마시타는 시합 후 이런 말을 했다고 합니다.

"만약 그 때 사이토가 타임아웃을 요청하지 않았다면 저는 졌을지도 모릅니다"

저는 지금도 이 시합을 생각하면 가슴이 뜨거워집니다.

'최고의 경쟁자란 정말 멋지구나!'

서로가 그 때까지 쌓은 지혜와 체력을 쥐어 짜 극한 상태에서 부딪힌다! 이것은 정말로 강한 상대가 아니면 이를 수 없는 경지죠. 상대방이 없었다면 금메달을 딸 정도로 강해지지 못했을지도 모릅니다.

그리고 또 한 가지.

'나이를 먹어도' '자금력이 없어도' 작전을 이리저리 바꿔가며 지혜를 짜내면 '힘'에 이길 수 있다는 점도 주목하고 싶어요.

그리고 보면 경쟁자는 무서울 게 전혀 없는, 오히려 사랑스러운 존재입니다. 상대방이 있기에 힘도 나고 지혜도 샘

솟지요. 좋은 경쟁자를 만나는 일도 어쩌면 행운입니다. 그러니까 손님도 업계에서 가장 뛰어난 회사를 능가해 보겠다는 마음으로 일하면 즐거울 겁니다~! 왓핫핫하!

 어느 날 사이토 히토리 씨에게 이 이야기를 들려 드렸더니 히토리 씨는 빙그레 웃으며 이렇게 말씀하시더군요.
 "상인은 누군가를 적이라든가 경쟁자로 여겨서는 곤란하네. '경쟁자'라고 말하는 순간 그 말에 담긴 영혼이 사방으로 퍼져 반드시 상대방의 귀에 들어가게 되거든. 그러니 경쟁자라기보다 '스승'이라고 생각하는 게 좋아. 그리고 자신을 누군가와 비교해 싸우기보다 '자기만의 색깔을 가꾸는' 일에 열중하게. 그러다 보면 어느 새 상대방을 능가해 있을 걸세."
 과연……! 다시 또 좋은 이야기를 들었구나…….
 이후 저는 저만의 색깔, 곧 '독권'의 색깔을 소중히 여기며 다른 사람에게 도움을 주는 서점으로 키우겠다고 불끈!

결심했답니다. 훗훗후…….

운을 강하게 하는 만남을 위한 비법 13

적이란 없다 단지 선생님이 있을 뿐!
자신만의 색깔을 키워
지지자를 많이 만들자

14. 친구가 전국으로 퍼져 간다

　제가 NPO법인 '독서보급협회'라는, 이름도 건실한 멋진 단체를 만든 까닭은 …… 뭐, 특별히 말씀드릴 건 없습니다.
　하하하, 손님, 딴 데 보지 말아 주세요. 맨 처음에도 말씀드렸다시피 사람이 정신적으로 성숙하려면 '책'이나 '사람'과 만나는 일이 매우 중요합니다.
　그런데 '독권'만으로는 '책과의 만남' 밖에 주선할 수 없더군요. 그래서 '독서보급협회'를 발족해 책과 사람을 모두 만날 수 있는 자리를 마련했지요.
　《성공한 사람들의 독서습관》을 읽고 협회에 가입해 주신 전국의 회원들과 다양한 이벤트를 통해 만남으로써 점을

'선'으로 잇습니다. 이 '선'을 다시 '인연(원)'으로 잇고 입체로 키워 세상을 밝고 건강하게 만들고 싶은 게 제 마음입니다.

지금 협회의 이벤트를 중심으로 한 만남이 전국적으로 급속히 퍼지고 있답니다. 가끔 지방에서 열린 이벤트에서 만난 젊은이가 도쿄까지 뜨거운 마음과 술을 안고 이야기를 나누러 찾아오기도 합니다. 어떨 땐 예순 살이 넘은, 해가 갈수록 애교 넘치게 사시는 인생의 선배가 들르셔서 의미가 가득 담긴 이야기를 해 주시기도 하지요…….

최근에는 학교 선생님들도 자주 찾아옵니다. 역시 학교 선생님들은 책을 좋아하셔서 아이들에게 책 읽는 재미를 가르쳐 주고 싶어하는 마음이 대단하시더군요! 모두들 눈동자가 반짝거려요.

협회의 설립 기념행사 때에는 '교육계의 내일을 밝히는 지도자'인 무코야마 요이치(向山洋一) 선생님도 인사 말씀을 해 주시러 참석하셨습니다. 무코야마 선생님은 인터넷 교육

포털 사이트 TOSS LAND를 운영하시는 한편, 《TOSS판 학급 만들기? 기초학력 만들기》 등 훌륭한 책을 많이 집필하고 계십니다.

  이 날은 몸이 불편하셨는데도 그런 내색을 전혀 하지 않고 꼿꼿하게 서서 좋은 이야기를 들려 주셨습니다! 그 자세에 저는 '우리나라의 미래를 짊어질 교육계에는 무한한 가능성과 저력이 있구나!' 하고 뜨겁게 감동했습니다. 사람과 사람이 만나면 지금까지는 생각하지도 못했던 큰일을 할 수 있습니다! 정말 기대되지 않습니까?

> **운을 강하게 하는 만남을 위한 비법 14**
>
> 만남이 입체적이 되면 세상을 위해,
> 그리고 사람을 위해
> 엄청난 일을 할 수 있습니다!

15. 사람의 색깔을 가만히 바라보자

"음,…… 저기……. …… 저어…… 저기요, ……그럼 마지막으로…… 노래를 부르겠습니다. 곡명은…… 여러분이 아~ 주 잘 아시는 ……○○의, 아마 이 노래는 아무도 모르실 것 같은데요……."

그 순간 일동이 쾅당 하고 의자에서 굴러 떨어져 강당 안은 한바탕 웃음이 일었습니다. 이거~! 협회를 결성한 뒤부터 사람들과의 만남이 더욱 흥미진진해졌습니다!

최근 나가노현의 이케다 마사오미 씨라는 멋진 젊은이를 만났습니다. 이 분은, 말주변이 없다고 할까요? 알아듣기 어려울 만큼 작은 목소리로 두런두런 이야기합니다. 그리고 빙빙 에둘러 설명을 해서 도대체 결론이 어디에 있는지 마지막에 마지막까지 알 길이 없지요.

그런 이케다 씨를 나가노현의 지부장으로 세우고 강연을 부탁 드렸는데, 이게 글쎄 대성공을 거뒀지 뭐예요!

객석에 앉아 있던 사람들이 모두 안쓰러운 마음에 자기도 모르게 몸을 앞으로 내밀고 마른침을 삼키며 귀를 쫑긋. 마지막에는 한바탕 시원하게 웃어 주었지요!

말은 비록 어눌해도 잘 듣고 있으면 공감이 가는 좋은 이야기를 많이 하세요. 다른 사람에게 조금이라도 도움을 주고 싶어하는 마음이 절절하게 느껴집니다. 마지막에는 기타를 꺼내 앞에서 소개한 인사말과 함께 노래까지 한 곡 불러 주었답니다.

각지에서 이벤트를 개최하다 보면 강연해 달라는 부탁을 참 많이 받습니다. 하지만 저는 솔직히 여러분을 무대에 세우고 싶어요. 원래 보통 사람들이 가장 재미있거든요. 이케다 씨도 프로에게서는 볼 수 없는 말과 말의 미묘한 간격 때문에 늘 웃음이 나는 걸요.

손님들 가운데는

"아하! 그냥 이렇게 하는 거구나! 이 정도라면 나도 다른 사람들을 위해 뭔가 할 수 있어!"

하고 밝은 마음으로 돌아가시는 분도 있답니다.

하긴 '이 정도라면 나도 할 수 있어' 하고 생각했더라도 실제로 해 보면 결코 만만치 않아요. 이케다 씨는 워낙 자신의 천성에 충실하니까요! 어째서 이렇게 호평을 받는지 아마 본인도 잘 모를 걸요. 꾸밈없는 그 성품이 좋은 거지요.

지금까지 우리는 '자신의 색깔을 숨기고 다른 사람의 색깔과 비슷해져라', '남보다 뛰어나도록 머리를 써라' 하는 말을 들으며 자랐습니다. 하지만 사실은 그 반대예요. 자신만의 색깔이 가장 멋지지요.

칭찬하고 칭찬하고 칭찬하면 사람은 자신의 색깔을 더욱 솔직하게 드러냅니다. 원래 자기의 모습에 자신을 갖게 되면 굳이 칭찬하지 않아도 스스로 노력해서 쭉쭉 발전하지요.

이케다 씨는 이전에 어느 저명인이 주최하는 '타 업종 교류회'에 참석한 적이 있다고 해요. 그런데 명함을 주고받다 보니 다른 사람들은 모~두 사장이거나 회장이고 이케다 씨만 샐러리맨이었다더군요. 그가 지레 기죽은 것인지 다른 사람이 '그냥 샐러리맨이야?' 하고 생각했는지……. 아무튼 그 자리는 이케다 씨에게 즐거운 '교류'가 되지 못했고, 오히려 의기소침해져 집으로 돌아왔답니다.

그리고 얼마 후 저희 협회의 이벤트에 참가했는데, 처음에는 물론 조용히 앉아 있었지요. 눈에 띄지 않게…….

하지만요, 손님도 분명 그를 한눈에 알아보실 거예요. 눈이 정말 해맑거든요. 이를 드러내고 활짝 웃으면 눈가에 주름이 얼마나 근사하게 잡히는지!

이케다 씨의 이야기를 듣고 제가 말했어요.

"이케다 씨, 샐러리맨이 어때서요? 울트라맨보다 멋있잖아요! 그리고 사장이라는 사람이 샐러리맨을 백안시하다니 이해할 수 없군요. 기업가들만 모인 자리에 유일하게 샐러리맨으로 참석한 이케다 씨야말로 대단한 거죠! 이케다 씨는 언젠가 틀림없이 그들을 능가할 겁니다!"

이케다 씨는 굉장히 기뻐하며 씩씩하게 나가노로 돌아갔습니다. 그리고 자신을 '웃음 가득한 회사원'이라고 부르며 매일 아침 두부를 먹고 활기차게 회사로 출근한답니다.

최근 그는 '독서보급협회'의 나가노 지부장을 맡을 결심을 하고 직접 이벤트를 기획했어요. 그것이 바로 저 손에 땀을 쥐게 한 강연회랍니다.

이케다 씨는 그 강연회가 끝나자마자 찾아오신 손님들과 일일이 악수를 나누었습니다. 그 모습 ……, 정말 멋있더군요! 지금까지 강연회라고 하면 많은 돈을 지불하고 일렬로 앉아 훌륭한 선생님의 이야기를 노트에 적어가면서 진지하게 듣는, 그런 것이 보통이었잖아요?

물론 그곳에서는 프로 강사만이 말할 수 있는, 정말 배울 만한 이야기를 들을 수 있을 것입니다. 하지만 저희 독서보급협회에서는 학교처럼 공부하는 강연회가 아니라 손님과 강사가 구별이 안 될 정도로 활발하게 이야기를 주고받으며 서로의 장점을 배우는 즐거운 자리를 제공하려고 합니다. 책을 좋아하는 분만 모이다 보니 '남에게 친절하고', '웃는 얼굴을 좋아하고', '향상심이 있는' 굉장한 사람들이 많아요. 학교나 회사에서 칭찬을 받아 본 적이 별로 없어서인지 쑥스러워하며 고개를 푹 숙이고 계시지만, 이야기를 나눠보면 성품이 곱고 진국인데 참 안타까워요.

전국에서 여러 젊은이를 만났습니다. 처음부터 열정적인 사람, 처음에는 조금 삐딱한 사람, 좀처럼 반응을 보이지 않는 점잖은 사람 등 정말로 다양하고 재미있어요. 이들은 만남을 통해 깜짝 놀랄 만큼 바뀌어 갔습니다.

강사나 자신이나 모두 비슷한 위치의 비슷한 사람. 같은 높이에서 마음을 터놓고 이야기를 나눌 수 있는 그런 자리를 만들고 싶습니다. 강연회를 열면 책을 낸 강사의 이야기는 새겨듣지만 그렇지 않은 강사의 이야기는 대충 듣는 사람이 있어요. 그런 걸 보면 사람의 진가, 다시 말해 그가 진솔한 사람인지 어떤지는 단번에 알 수 있는 것 같아요. 외관뿐만 아니라 그 사람이 지닌 내면의 색깔을, 혼을 제대로 바라보자고요~!

운을 강하게 하는 만남을 위한 비법 15

보통 사람이 가장 재미있어요!
손님도 부디 그 사람만의 색깔을
눈여겨보고 좋은 점을
이끌어내 줄 수 있는 분이 되시길!

16. 만남의 비법은 바로 이것!

　지금은 이렇게 당돌하지만, 저도 책이 처음으로 팔리기 시작했을 무렵에는 "악수해 주세요", "사인해 주세요" 하는 말을 들으면 쑥스러워서 목을 잔뜩 움츠렸습니다.
　그런데 어느 날 갑자기 이런 생각이 들더군요.
　상대방이 내가 좋다며 사인을 받고 싶어하는 거잖아. 그렇다면 '아휴, 난 그렇게 대단한 사람이 아닌데!' 하는 내 마음은 아무래도 좋은 거 아닌가?
　이후 저는 완전히 바뀌었습니다. 이제는 사인도 악수도 모두 즐거워요! 의리와 인정은 사람을 위해 있는 거잖아요? '내 일은 옆으로 치워 두고…….'

역시 궁지에 몰리면 막판에 가선 이래야 하죠. 가끔 자신의 마음이나 일만 고집스럽게 내세우는 사람이 있어요. 하지만 이제 '제가', '제가'는 그만 두고 다른 사람을 즐겁게 하는 일을 하자고요. 그와는 반대로 보이는, 사양이나 자기 부정도 마찬가지입니다.

'제가 어떻게'는 이제 그만!

"다른 사람을 자주 칭찬하나요?"

하고 물으면

"저는 남을 칭찬할 만큼 대단한 사람이 아니에요."

하고 대답합니다.

또 누군가가 칭찬을 해 주면,

"저는 남에게 칭찬을 받을 만큼 훌륭한 사람이 아니에요."

하고 말하지요.

그러나 "전 제 문제만 해결하기도 벅차기 때문에 다른 사람을 도울 여력이 없어요"라고 말한다면 매력은 평생토록 생기지 않아요.

한 번은 혼다 겐(本田健) 씨의 강연회에 초대되어 가서 정말 깜짝 놀란 적이 있습니다.

1200명이나 되는 사람들 앞에서 강연을 하고 박수갈채를 받으며 무대를 내려온 혼다 씨. 보통 사람 같으면 그것으로 끝날 테죠? 하지만 혼다 씨는 달랐습니다. 출입구에 서서 환하게 웃으며 관객들을 한 사람 한 사람 배웅하고, 원하면 악수나 사인을 해 주었습니다. 당연하다고 생각할지도 모르겠군요. 그러나 자신이 직접 해 보면 알겠지만 이게 결코 쉽지 않아요.

만약 '내가 어떻게' 하는 마음을 조금이라도 품고 있으면 절대로 할 수 없습니다. '다른 사람이 기뻐하는 만남'을 위해서라면 어떤 노력도 아끼지 않겠다는 혼다 씨의 자세가 눈부실 정도로 빛나서 저는 마냥 감동했습니다.

나카무라 후미아키 씨도 마찬가지예요.

신칸센에서 옆자리에 앉은 사람과 인연을 맺는 일은 아

무리 책을 읽고 감동을 받았더라도 내가 과연 할 수 있을까 하는 마음이 들면 좀처럼 실천하기 어렵습니다. 하지만 자기의 현 위치에서 할 수 있는 일은 하나라도 더 하자고요.

비결은 간단합니다. 움츠리지 말고 어쨌든 한 걸음 앞으로 내미는 겁니다! 마음을 열고 자신의 벽을 넘어서!

그리고 또 한 가지, 상대방에게 흥미를 느낄 것. 사실 상대방에게 흥미를 보이는 일은 쉬워 보이면서도 어려워요. 뭔가 고민거리에 푹 빠져 있으면 눈앞에 서 있는 사람조차 보이지 않으니까요…….

그러므로 평소에 책을 많이 읽어서 마음을 갈고 닦아야 해요. 자기보다 남을 먼저 생각할 수 있도록. 저도 이제 막 시작했지만 우리 한번 노력해 보자고요! 산뜻한 마음으로 '언제 멋진 만남이 찾아올까?' 하고 기다리면 무척 즐거울 거예요. 어떤 기회가 생겼을 때 '드디어 왔구나!' 하고 적극적으로 잡을 수 있도록 항상 엉덩이를 가볍게!

회사에서도 마찬가지예요. 아침에 일어나서 '좋~ 아! 오늘도 여러 사람들과 흥미진진한 만남을 갖겠어!' 하고 마음먹으면 반드시 그렇게 됩니다! 오늘의 만남에 기대를 걸어보자고요. 온몸에서 기운이 마구 샘솟지 않나요?

"기대해도 되냐고요?"

되고말고요! 하지만 상대방에게 기대해서는 안 돼요! 오늘의 자신에게 기대하세요. 누군가가 좋은 만남을 이루어주길 바라기보다 자기 자신을 풍요롭게 채워 "당신과 만나 행복했어요" 하는 말을 듣기로 해요. 가슴이 설레죠?

이야기를 나눈 상대방의 얼굴이 활짝 펴지고 마음에 등불이 환히 켜집니다. 그 모습을 보고 있노라면 저의 마음에도 따뜻한 등불이 켜지지요.

인생은 여행이에요. 누구와 어디로 가고 싶나요? 즐겁고 멋진 여행을 하고 싶다면, 손님, 자신의 마음에 등불을 밝히고 한 걸음 앞으로 나오시면 어떨까요? 저는 그런 여러분의 첫걸음에 박수를 보내고 싶어요! '강운'은 방긋 웃으며 노력하는 여러분의 발 밑에 이미 와 있답니다.

운을 강하게 하는 비법은 바로 이것!

자신이라는 벽을 넘어 만남으로
한 발짝 내디디세요!

시미즈의 혼잣말

　제가 서점에 오신 손님과 이야기를 나누는 동안 느낀 점을 혼잣말처럼 풀어 보았습니다.

도리도리 사고

"저는 ○○이 아니라서 ○○은 할 수 없어요."

"상사 (부하직원, 남편, 아내, 가족, 동료)가 ○○해 주지 않아서 ○○할 수 없습니다."

　손님, 무의식중에 이런 말을 자주 입에 올리지 않나요?

　모처럼 영혼이 성장하여 밝은 쪽으로 나아가려고 하는데

두 번이나 부정해 싹을 잘라버리다니 아무리 생각해도 너무 아까워요.

도리도리 사고는 주로 실패를 남의 탓으로 돌리거나 자신을 책망할 때 나오지요. 하지만 이럴 때일수록 더욱 목소리를 높여 정반대로 이야기해야 해요.

"저는 ○○도 해냈거든요! 그러니까 앞으로는 ○○도 문제없어요!"

"○○ 씨가 ○○해 주지 않아도 저는 ○○할 수 있어요!"

서툰 생각은 안 하느니만 못하다?

흔히 '서툰 생각은 안 하느니만 못하다'고 하지만 우선 생각하지 않으면 아무것도 시작할 수 없습니다.

'서툴다'는 말은 사람이 붙인 평가죠. 서투르든 어떻든 다 좋습니다. 다른 사람이 뭐라든 상관하지 말고 앞으로 나가자고요.

한 발짝 앞으로 내디디자마자 반드시 '서툴다'고 말하는 사람이 나타날 겁니다. 그건 앞으로 내디뎠기 때문에 생겨나는 일이죠. 내디디지 않으면 그런 사람도 나타나지 않아요.

'서툴다'는 말을 들으면 왈칵 피가 거꾸로 솟습니다. 당연하죠! 하지만 이내 냉정을 되찾고 '서투른' 이유를 가만히 살펴 부족한 부분을 메우는 거예요.

'서투름'도 거듭 쌓이면 '길'이 됩니다. "난 역시 안 돼!" "난 어설퍼" 하고 말하기보다 '실패는 성공의 어머니!'라고 생각하고 앞으로 나아갑시다.

Question

시미즈 씨에게 질문! 하나

좀처럼 목표에 이르지 못하는 제가 가끔 싫어집니다. 그럴 때는 어떻게 생각해야 할까요?

(39세/남성)

Answer 손님……, 혹시 '지금 바로' 성공하고 싶어하지는 않는지요? 실은 '지금 바로' 하고 초조해 하는 순간 성공은 훨씬 멀어진답니다. 이유는 간단해요. 단번에 멀리까지 가려 하고 여행의 종착지만 바라보니까 눈앞에 있는 기회가 보일 리 없죠.

눈앞의 기회가 뭔지 아세요?

'사람'입니다. 바로 앞에 서 있는 사람에게 자신이 할 수 있는 무언가를 한 가지라도 해 줘 보세요.

너무 먼 곳만 바라보면 '아직도 멀었어……' 하고 점점 제풀에 지쳐 자칫 꿈을 포기할 수도 있습니다.

그것도 그냥 깨끗이 물러나면 괜찮은데 자신을 믿지 못하거나 책망하게 되지요.

어휴, 그런 모습은 옆에서 보기도 딱해요.

그건 정말 아니지요. 손님이 눈앞의 한 걸음을 얼마나 소중히 여기느냐가 중요합니다. 거기에서 모든 것이 시작됩니다. 한 걸음씩 나아가는 거예요.

어느 누구의 강요가 아니라 스스로 한 걸음씩 확고하게 내디뎌 가다 보면 어느 새 종착점에 닿아 있을 겁니다.

아니, 어쩌면 이미 종착점을 훨씬 지나 전에는 상상도 할 수 없었던 높은 목표를 향해 걷고 있을지도 모르죠!

숨은 이야기 이틀째밤

책을 보는 눈이 확 달라지는 강운도

Midlogue 미드로그

제가 날마다 서점에서 은근히 기다리는 날은 '데굴데굴 코믹' 발매일······.

"헉헉, 헉헉······."

어깨가 들썩일 정도로 가쁜 숨을 몰아쉬며 (그것도 조금 과장되게?!), 그 날이면 어김없이 문을 열자마자 뛰어 들어오는 작은 손님이 있거든요.

"아저씨, 안녕하세요! 오늘은 아침에 느긋하게 텔레비전을 보고 있었는데요, 10시가 넘어 버려서 '앗, 큰일났다! 독서권장에 가야 하는데!' 하고 막 뛰어 왔어요!"

이 남자아이는 유치원 때부터 저희 서점에 찾아오는, 저에게는 매우 소중한 단골손님이랍니다.

지금은 벌써 어엿한 초등학교 4학년이에요. 줄줄 내려오

는 안경을 위로 밀어 올리면서

"아저씨, 세상은 참 밝아요~! 하하하하."

이런 당돌한 말을 곧잘 한다니까요! 뭐, 그러면서도 사 가는 책은 '데굴데굴 코믹'이라는 게 귀엽지만요.

어느 날 '데굴데굴 코믹' 발매일에 여느 때와 다름없이 그가 찾아왔습니다. 그런데,……그 날은 무슨 까닭인지 고개를 푹 숙인 채 입을 다물고 있는 거예요…….

"……응? 왜 그러니? 배라도 아픈 게냐?"

"……"

"왜 이렇게 기운이 없어?"

"……"

"음, 살다 보면 이런 일도 있고 저런 일도 있는 거야. 사탕 줄 테니까 기운 내렴."

"……"

그는 제가 내민 사탕을 쥐고 풀이 죽은 채 돌아갔습니다……. 그로부터 한 달 뒤 발매일.

"그 녀석 …… 오늘도 오려나?

이번 달은 연휴가 껴서 발매일이 하루 늦춰졌다는 걸 알고 있을까……?"

저는 조금 안절부절못하면서 서점의 셔터를 올렸습니다.

그러나 걱정은…… 기우였습니다.

그는 원래의 당돌함을 완전히 되찾은 모습으로 늘 그랬듯이 서점으로 뛰어들어 왔답니다!

"헉헉, 헉헉……."

"여어! 대단한 걸, 오늘도 일등이야!"

"헉헉, 헉헉…… 그거야, 전 한 번 정한 일은 반드시 지키니까요……."

정말…… 어린이는 세상의 보물이지 뭐예요.

네?

우리 애들은 책하곤 담을 쌓았는데……, 어떻게 하면 책을 읽게 할 수 있냐고요?

손님…… 그 대답은 간단합니다.

답 부모가 책을 읽는다.

주간지는 안 돼요.

아이는 어버이의 모습을 보고 배운답니다.

부모가 책을 읽으면 모르는 사이에 그 모습이 아이의 마음 속에 있는 풍경으로 녹아들어 가지요.

지금은 컴퓨터 오락이나 만화에 빠져 있더라도 조만간 책의 은혜를 받아 다른 사람의 마음을 배려할 줄 아는 멋진 어른으로 자랄 겁니다.

책은 딱히 남에게 도움을 주려는 마음으로 읽지 않아도 어느 새 배려심을 키워 줍니다.

길을 잃고 헤맬 때 이정표가 되어 줍니다……

예를 들어 만화나 동화를 읽더라도 주인공의 대사 한 마디 한 마디가 조금씩 아이의 마음에 쌓여 중요할 때 등을 떠밀어 주지요. 그 말들은 분명 아

이의 장래나 가치관에 영향을 미치고 꿈을 이루도록 도와 줄 겁니다.

그러니까 우선은 아버지, 어머니인 여러분이 책을 읽는 모습, 책에 빠져 즐기는 모습을 많이 보여 주세요.

책장에 죽 꽂아 놓은 책을 제목이 보이게 늘어놓는 것도 괜찮아요. 자신도 모르는 사이에 그 제목이 마음으로 스며들 테니까요.

그리고 또 한 가지 중요한 사실!

아이에게 진지한 이야기를 할 때면 무심코 얼굴을 찌푸리거나 엄숙한 표정을 짓게 되잖아요?

하지만 그런 때일수록 웃는 얼굴로, 웃는 얼굴로, 방글방글 방글방글, 반드시 웃는 얼굴로 말해야 합니다.

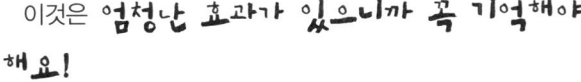

이것은 **엄청난 효과가 있으니까 꼭 기억해야 해요!**

웃음을 띠우며 이야기하면 상대방은 그것이 '사랑의 말'

임을 분명하게 이해한답니다!

그리고요, 꼭 한 번 해 보시라고 강력하게 권해 드리고 싶은 일이 있습니다.

부모와 아이가 같은 책을 읽는 것!

아이와 부모가 같은 책을 읽고 그 책에 관해서 서로 이야기를 나누면 굉장히 재미있어요.

그래서 추천하는 책이 바로 이 세 권.

1. 《용을 물리치는 기사가 되는 방법》
2. 《꼴찌 요정》
3. 《이 분 동안의 모험》 (3권 모두 오카다 준(岡田淳) 지음)

이 세 권을 반드시 이 순서대로 읽고 꼭, 꼭, 아이와 함께 이야기를 나눠 보세요! 이 세 권은 아동서적이긴 하지만 어른이 읽어도 무척 도움이 된답니다!

아, 그렇지! 요전에도 고등학교에 다니는 제 아들과 어떤 책에 대해 아주 뜨겁게 이야기를 나누었습니다.

"야, 재미있다! 다음 이야기가 너무너무 궁금하구나~!"

하고 제가 말하자

"아버지, 주인공인 ○○○은 성격이 이러이러하니까 이 다음은 이렇게 전개되지 않을까요?"

하고 대답하는 아들.

"과연 그럴까……? 아니, 난 이렇게 생각해……."

"음……, 그건 아닌 것 같은 데요. 틀림없이 이런 식일 거예요!"

토론의 열기 고조!

이야기가 끝없이 이어집니다. 서로의 머리 속을 보여 주는 것 같아 여간 흥미로운 게 아니에요!

마음의 거리가 확 좁혀지는 느낌이 들어서 기뻤답니다.

네? 그게 무슨 책이었냐고요?

사실은,…… 《소년 점프》였어요.

헤헤헤. 두근거리는 마음으로 다음 편을 기다리는 게 좋아서요.

아니, 손님……

또 오셨어요? 하하하…… 참 기쁘네요, 그 웃는 얼굴!

네? 사람이 정신적으로 성숙하려면 '책'이나 '사람'과 만나는 수밖에 없다고 했으니 오늘은 '책과의 만남'에 관한 이야기를 들려 드릴 것 같다고요?

허~! 이거 제가 졌습니다, 손님! 그래요, 말씀하신 대로입니다. '책'에 관한 이야기라면 제 주특기! 먼저 손님에게 한 가지 여쭤보겠습니다.

혹시 이런 생각을 하신 적은 없나요?

'책을 이것저것 많이 읽는데도 일이 잘 풀리지 않는 까닭은 무엇일까?'

사실은요, 책을 읽는 사람들이 조금 오해하는 면이 있답니다. 저자가 말하고 싶어하는 바를 온전히 이해하느냐 하면 그렇진 않거든요…….

1. 책을 오해하고 있지는 않습니까?

　예를 들어, '독권'의 용어입니다만, 가끔 '짝퉁 독서가'가 있습니다.

　텔레비전에서 토론 프로그램을 보면 다른 사람의 이야기를 가로막고 "이러이러해서 이렇습니다!" 하고 나서는 사람이 있습니다. 마치 "나를 보라니까!" 하고 말하듯이요.

　그들은 대체로 책을 낸 사람들이기 때문에 우리는 '책을 쓸 정도로 훌륭한 선생님들이 과연 무슨 말을 할까?' 하고 기대하며 보지만, 그것은 '짝퉁 독서가'의 전형적인 태도죠……

　그리고요, 서점에 오시는 손님 가운데

"저는 사이토 히토리 씨의 책을 백 번 정도 읽었어요. 히토리 씨의 열렬한 팬이랍니다! 그러니 히토리 씨를 한 번 뵙게 해 주세요!"

하고 굉장히 무서운 얼굴로 말씀하시는 분이 계세요.

그건 아니죠! 히토리 씨의 책을 백 번이나 읽었다면 그런 표정을 지어선 안 되죠. 밝게 웃자고요~! 그런 분도 '짝퉁 독서가' 입니다.

모든 일에 회의적인 사람도 마찬가지예요. 얼마 전 서점에 들른 손님의 얼굴이 너무나 어둡기에 밝게 펴 주려고

"어떤 책을 찾으세요?"

하고 넌지시 물었더니,

"사람은 왜 태어났을까요? 사람이 없으면 이 세상은 훨씬 좋아질 것이라는 죄의식에 대해 쓰여 있는 책을 읽고 싶습니다."

하고 말씀하시지 뭡니까!

정말로,…… 깜짝 놀랐습니다.

세상에는 참으로 다양한 '짝퉁 독서가'가 있어요.

하지만 모처럼 시간을 들여 책을 읽는 거니까 이왕이면 밝은 사람이 되자고요.

그리고요, 자신은 책을 많이 읽어 여러 가지를 알고 있으므로 훌륭하다고 착각하면 곤란합니다.

지식은 상대방을 내리누르기 위해 배우는 것이 아니랍니다. 우선은 '사람을 기운 나게 하는 말'을 할 수 있기 위해 책을 읽읍시다.

운을 강하게 하는 독서 비법 1

혹시 '짝퉁 독서가'가 되어 있진 않은지요?
잠시 되돌아봅시다!

2. '책은 이제 충분히 읽었어' 하는 말은 위험 신호

　가끔 손님 가운데 "요즘 책을 너무 많이 읽었더니 어떤 책을 봐도 그 내용이 그 내용이지 뭐예요. 이제 책은 그만 봐도 될 것 같아요" 하고 말씀하시는 분이 계십니다.
　저는 "아, 그래요?" 하고 웃으며 받아넘기고는 있습니다만, 사실 그런 말을 입에 올린다는 건 '위험 신호'랍니다!
　'이것으로 충분해' 하고 생각하는 순간 성장은 멈춰 버립니다. 겸손한 마음을 잊은 거죠.
　《성공한 사람들의 독서습관》을 쓴 다섯 분을 한 번 떠올려 보세요. 이 책은 행복을 이룬 분들 가운데서도 '웃는 얼굴이 멋지고' '겉과 속이 같은 진실한 사람'을 기준으로 집필을 부탁드렸습니다. 하지만 어때요? 한결같이 '대'자를 붙이고도 남을 만큼 엄청난 독서가잖아요?

이 분들은 책의 제목만 보아도 어떤 내용인지 훤히 아십니다. 그런데도 책을 계속 읽어요…….

왜 그런지 아세요?

'감각이 둔해지진 않았는지' 확인하는 거예요.

사람이 살다 보면 무기력해지기도 하고 오만해지기도 하고, 날마다 미묘하게 변하지요. 그 미묘한 변화를 깨닫고 원래 '걸어야 할 선'으로 궤도를 수정할 수 있는가 어떤가는 행복을 이루면 이룰수록 중요해집니다.

그러기에 책을 계속 읽어야 해요. 언제까지나 감각이 살아 있으려면요. 이것이 참된 성행자(成幸者)의 자세입니다.

책도 영화와 마찬가지여서 결말이 뻔하더라도 그 뻔한 결말에 이르는 과정이 중요합니다.

책을 읽다 보면 마음이 사르르 부드러워지기도 하고 우연히 삶 속에서 일어난 복잡한 문제에 대해 해답을 얻기도 하지요.

그 과정을 즐기는 것이 독서의 참 맛이랍니다.

운을 강하게 하는 독서 비법 2

'책은 이제 충분히 읽었어'
하는 마음이 들 때일수록 더욱
좋은 책을 읽읍시다!

3. 경영서적을 읽기 전에 기억해야 할 일

좀 느닷없긴 하지만, 저는 잘난 체하는 사람이 가장 싫어요! 어릴 적에도 다른 친구들에게 괴롭힘을 당하는 아이를 지키려다 뭇매질을 당한 적이 있어요. 그래서 크면 경찰관이 되겠다고 생각했지요.

거드름피우는 사람을 보면 마구 때려 주고 싶습니다!

아, 손님, 진짜로 때리면 안 되죠, 하하하……! 마음 속으로요. 싸움은 나쁘잖아요.

얼마 전에 서점에서 손님과 마음이 맞아서 즐겁게 이야기를 나누고 있는데, 다른 손님이 찾아와 불쑥 종이를 내밀더군요. 한창 이야기를 하고 있는 중에 말이죠.

그 분은, …… 느낌이 그랬어요. 마치 잘 드는 칼을 들이대는 것 같았습니다.

'나는 자를 거야' 하고 얼굴에 쓰여 있더군요.

지금 생각하면 종이를 받는 순간부터 저는 경계심을 느꼈던 것 같아요. 신나게 떠들고 있을 때 그런 일을 당하면 누구나 그렇지 않나요?

그 분이 내민 종이를 보니 책 목록이 죽 나열되어 있었습니다. 그런데 그 자리에서 조사해 보니 모두 절판된 도서이더군요. 그렇게 말씀드리고 돌려보냈더니 나중에 그 분에게서 팩스가 왔어요.

"시미즈 씨의 능력을 보고 싶어 찾아갔던 것인데 실망했습니다. 하다못해 헌 책방이라도 소개해 주었더라면 좋았을 텐데요. 다음 번엔 기대에 부응해 주시리라 믿습니다."

…… 하고 쓰여 있더군요.

저요? 그런 말에 기가 죽을 제가 아니죠~!

사실 헌 책방을 소개해 드렸더라면 좋았겠죠. 뭐, 나중에

슬쩍 '확실히 그랬을지도 모르겠어' 하는 생각도 했답니다. 하지만 처음부터 그런 태도로 나왔으니, 저라고 '빨리 돌아갔으면 좋겠구나' 하는 마음이 없었겠어요?

더구나 제가 잘 아는 헌 책방 에치고야$^{(越後屋)}$는 평소에도 신세를 많이 지고 있는데 그런 분을 소개해 드리고 싶겠습니까?

만약 그 분이 방글방글 웃는 손님이었다면 썩 내키진 않더라도 소개해 드렸을 겁니다.

역시 잘난 척하면 안 된다니까요.

세상은 경영 이론대로 돌아가지 않아요. 그밖에도 중요한 것이 있다고 요즘엔 자주 생각한답니다.

예를 들어 저희 서점 근처에 재미있는 라면 가게가 있어요. 맛은 입에 발린 말이라도 도저히 맛있다고는 못하겠어요. 지저분한 건 또 어떻고요! 하하하.

어느 날 제가 "생강구이 정식 주세요" 하고 주문했더니 요리를 내놓으며 "손님, 죄송합니다. 생강구이 소스를 친다는 게 그만 라면 소스를 넣었지 뭐예요.……그래도 괜찮을까요?" 하고 묻더군요.

그래서, 저도 참 우습지만 "괜찮아요" 하고 먹었더니 그게 또 맛이 대단하더라고요.

얼마 뒤, 다른 손님이 "피클 한 접시 더 주세요" 하고 부탁했거든요. 그랬더니 주인아저씨가 뭐라고 대답한 줄 아세요? "아, 그게 좀 상해서 시큼한데 괜찮을까요?" 하더라고요. 굉장하죠? 너무 정직해서 탈이랄까…….

하지만 주인 아저씨와 저녁에 텔레비전을 보면서 스포츠나 정치에 관한 이런저런 이야기를 나누는 게 그렇게 좋을 수가 없어요.

그래서 전 늘 무심코 그 가게에 들른답니다. 그뿐만 아니라 손님까지 데리고 간다니까요!

저희 서점 근처에 있는 방글방글 시장통은 이제 많이 쇠락했지만, 일전에 자동차와 오토바이가 부딪히는 사고가 나자 모두들 뛰어 나오더군요.

오토바이를 탄 남자에게 "괜찮아요?" 하고 걱정스러운 듯 말을 걸기도 하고……. 뭐, 손님이 거의 없어 한가하니까요, 하하하.

　하지만 어쩐지 마음이 따스해집니다.

　잘못을 솔직하게 고백하는 일이 반드시 옳다고는 말할 수 없지만, 저는 그런 것이 재미있더라고요. 굉장히 좋아합니다.

　경영 이론대로라면 모두들 장사를 제대로 한다고 볼 수 없겠죠? 오로지 부자가 되는 일만 추구한다면 그런 행동이 어리석게 느껴질 겁니다. 아까 말씀드린, 팩스를 보내 주신 분도 분명 경영서적을 열심히 읽을 테지요.

　그러니 아마 저희 같은 사람을 도무지 이해할 수 없을 거예요. 그게 나쁜 것은 아니지만, …… 좀 아쉬워요.

　뭐, 이렇게 말하는 저도 젊을 때는 고집스러울 정도로 경영서적만 읽었답니다.

　하루는 어떤 경영 컨설턴트가 쓴 책을 읽는데 '돈을 버는 일은 신자를 만드는 일과 같다'는 말이 나오더군요.

하지만 그 뒤에 《빛을 향한 백 개의 꽃다발》(다카모리 겐테쓰 지음)을 읽었더니, '돈을 버는 일은 신용 있는 사람이 되는 일과 같다'고 쓰여 있지 뭐예요.

두 사람의 말이 정반대잖아요? 저는 절대적으로 후자가 옳다고 생각합니다. 돈벌이나 자아실현보다 '의리와 인정'이 먼저라는 사실을 부디 잊지 마세요.

손님, 앞으로도 지혜가 가득 담긴 경영서적은 계속 나올 겁니다. 이런 책을 읽을 때는, 아셨죠? '의리와 인정'을 반드시 기억하시기 바랍니다.

역시 세상과 하나가 되어 춤추다간 사람의 마음에 등불을 밝힐 수 없어요. 우리는 성인들처럼 완벽해지기 어렵지만, 그래도 무엇이 멋진 삶인지는 알지 않습니까? 다른 사람에게 "당신이 좋아요" 하는 말을 들어야겠지요.

정말로 훌륭한 사람은 거드름을 피우지 않아요.

운을 강하게 하는 독서 비법 3

경영서적을 읽을 때는
의리와 인정을 잊지 맙시다!

4. 대각선 감각을 터득하라!

 그런데 손님은 유도의 '업어치기'라는 기술을 아시나요? 그냥 보기에 업어치기는 힘껏 앞으로 내던지는 것처럼 보이잖아요? 그래서 초보자는 정면으로 기술을 걸어옵니다. 하지만 그러면 절대로 기술이 걸리지 않아요. 업어치기는 조금 비스듬하게 잡아야 훌쩍 넘어간답니다.

 체육관에 계속 다니다 보면 어느 날 문득 그 사실을 터득하게 돼요. 그 전까진 줄곧 내동댕이쳐지기만 하는데 말이에요. 이 '대각선' 감각이 핵심입니다. 똑같이 체육관에 다녀도 강해지는 사람과 그렇지 않은 사람이 있어요.

 그 차이는 바로 '대각선' 감각을 터득하느냐 못하느냐에 달려 있습니다.

독서도 마찬가지예요. 정색을 하고 달려들기보다 조금 비스듬히 들어가 냉정하게 읽어야 내 것이 되죠. 뭐든 그렇지만 한 번 터득하면 법칙으로 만들어 실천할 수 있습니다.

그러면 그 내용을 온전히 깨달아 책을 쓴 사람보다 훨씬 행복해지지요! 독서의 '대각선' 감각을 터득하기에 가장 좋은 방법을 가르쳐 드릴까요?

'다른 사람을 위해' 책을 읽으세요.

인상에 남는 내용은 '이거 ○○○ 씨에게 가르쳐 주려면 어떻게 말해야 할까?' 하고 생각합니다. 누군가에게 도움을 주려는 마음으로 읽는 거지요.

이렇게 하면 자신만의 '돈벌이'나 '자아실현'에 열중해 이기적인 사람이 될 염려가 없습니다. 또 누군가를 대단하다고 생각한 나머지 "이 사람의 가르침만 있으면 돼. 다른 건 필요 없어!" 같은 말도 안 할 것입니다.

지혜는 다른 사람에게 가르쳐 주려 하면 자신의 뇌에도

또렷이 새겨져 피가 되고 살이 되지요. 가르침을 받는 사람에게든 자신에게든 모두 좋은 일뿐이에요. 지혜는 인류의 재산입니다. 뭔가 좋은 문장이나 좋은 힌트를 만나면 찌릿하고 가슴이 떨리잖아요?

  그 까닭은 손님, 손님의 마음에 원래 그 지혜가 있었기 때문이랍니다. 그러니 그 말을 이번에는 자신의 입으로 말해 보자고요. 그러면 상대방은 손님에게 매력을 느낄 겁니다.

운을 강하게 하는 독서 비법 4

다른 사람을 위해 읽고 자신의 말로
이야기해요!

5. 책을 읽으며 즐거워지는 훈련, 밝아지는 훈련을 하라!

무엇을 위해 책을 읽냐고요?

마음을 산뜻하게 하는 방법이 책에 가득 실려 있잖아요!

사람은요, 원래가 고민에 잠기거나 침울해지는 존재랍니다. 그러니 그 마음을 유쾌하게 하기 위한 방법을 책에서 배워야 해요.

"재수가 좋다, 재수가 좋다" 하고 주문처럼 외우는 사람이 있는가 하면, "나는 날마다 더욱 좋아지고 있어" 하고 외치는 사람도 있습니다.

화장실 청소를 하며 기분이 상쾌해지는 사람이 있는가 하면 우울할 때 더 크게 웃어 명랑해지는 사람도 있지요.

모리 노부조(森信三) 선생님은 "허리뼈를 세워라!" 하고 말씀하셨는데, 과연 허리뼈를 세우기만 해도 관록이 붙고 분위기가 달라집니다.

그러니까 **'책을 읽으면 바로 실천!'**

이런저런 토를 달지 말고 일단 써 있는 대로 하자고요. 그대로 따라해 보고 잘 되지 않으면 자기에게 맞게 방법을 바꿔 가는 겁니다.

서점에 가면 '성공하기 위한 100가지 법칙'이라든가 '여섯 가지 법칙' 같은 책이 많이 나와 있잖아요? 가끔 그런 책을 읽고 '그 여섯 가지를 모두 해내지 못하는 자신'이나 '그대로 실천하지 못하는 자신'에 자괴감을 느끼는 손님이 계세요.

……이건 아니죠! 책은 고민하기 위해 읽는 것이 아니랍니다! 누군가가 세운 성공 법칙을 모두 지키면 그 사람처럼 성공할 수 있느냐 하면 그렇지도 않습니다. 그보다 책을 한

권 읽음으로써 할 수 있는 일이 하나라도 늘었다는 사실이 굉장히 멋진 것 아니겠어요! 무엇이든 자기 식으로 개량하고 연구하여 어디까지나 즐기자고요!

  사이토 히토리 씨도 늘 그런 훈련을 재미있게 한답니다.

  우리도 신나게 훈련합시다.

운을 강하게 하는 독서 비법 5

책을 읽으면 바로
실천→개량→실천→개량→……
제가 굳이 말씀드리지 않아도
이미 알고 계시죠?
자, 그러니까 바로 실천!

6. 심층심리에 파고드는 취침 전 독서

 자기 전에 책을 읽는 일은 무척 흥미롭습니다. 자기도 모르는 사이에 책의 내용이 심층심리에 배어들지요.

 그러므로 책을 선택할 때는 주의를 기울이는 것이 좋습니다. 그렇지 않으면 기묘한 꿈을 꾸게 되거든요.

 아, 맞다! 그거 아세요?

 '책(木)' 이라는 말에는 '우주' 라는 의미가 담겨 있답니다!

 책이 우주라면 손님 같은 '독서가' 는 우주비행사겠군요.

 그렇다면 서점은 NASA의 사령탑인 셈인가요?

 하하하. 그럼, 잠자리에서 떠나는 '우주여행' 에 안성맞춤인지라 제 침실의 머리맡에 늘 놓아두는 책을 몇 권 소개해 드리겠습니다.

《사람을 끌어들이는 인간력》(밥 콘클린(Bob Conklin) 지음)

《작은 실천의 첫걸음부터》(가기야마 히데사부로(鍵山秀三郎) 지음)

《나카무라 덴푸(中村天風) 자신에게 '기적'을 일으켜라!》(이케다 히카루(池田光) 지음)

《언지사록(言志四錄)》(강담사학술문고 / 사토 잇사이 지음)

이렇게 새삼 밝히고 보니 조금 부끄럽군요.

뭐, 내친 김에 한 말씀 더 드리면, 잠자리에서 읽는 책에는 대단한 힘이 있다고 합니다.

사이토 히토리 씨는 《중국의 사상(6) 노자·열자》, 《중국의 사상(9) 논어》을 천 번씩 읽었답니다.

그리고 히토리 씨의 제자들은 《머피의 백 가지 성공법칙》을 이미 몇 천 번이나 읽었으면서도 여전히 그 책을 손에 잡고 있다더군요.

이들은 왜 그렇게 열심히 책을 읽는 걸까요?

사람은 원래 강한 생물입니다. 그런데 몸이 불편하거나

외부로부터 부정적인 자극을 받으면 무의식중에 마음이 약해지지요. '책 읽는 기분'에서 조금 벗어나게 됩니다.

독서는 이런 미묘한 일탈을 곧바로 알아채고 제자리로 돌아오도록 돕는답니다. 특히 잠들기 전에 읽는 책은 그 효과가 최고죠!

손님도 자신의 신념과 맞는 책을 찾아서, 자기 전뿐만 아니라 잠자는 동안에도 책 읽는 기분이 되도록 즐겁게 우주를 유영해 보시는 게 어때요?

내일이라는 날이 분명히 확 달라질 겁니다!

운을 강하게 하는 독서 비법 6

잠들기 전에는 아끼는 책을 읽어
'책 읽는 기분'이 됩시다!

7. 독서의 비법은 바로 이것!

저는 중학교 때부터 혼자 유랑극장에 가는 걸 무척 좋아했어요. 헤헤헤! 뭐가 그리도 좋았는지, 가기 전부터 벌써 웃을 준비가 되어 있었죠. 그 자체를 즐겼어요. 가랑잎이 굴러도 웃을 수 있는 마음으로 갔기 때문에 어떤 공연을 하든 간에 배꼽이 빠질 정도로 웃어댔습니다.

가끔 "책을 읽어 봐야 별로 달라질 것도 없다"며 투덜대는 사람이 있는데, 그것은 책이 나빠서가 아닙니다.

'나는 의지가 약해서 무엇을 해도 안 돼' 하고 생각하기 때문에 효과가 없는 거예요.

책이 세상의 빛을 보는 일은 그렇게 간단하지 않습니다.

세상에 나와 있는 책은 그것만으로도 어렵고 복잡한 관문을 통과한 셈이죠. 그러니 도움이 되는 말이 한 가지라도 실려 있을 겁니다.

잔뜩 주눅들어 읽느냐 자신만만하게 읽느냐에 따라 책의 효과는 완전히 달라집니다. 자신만만하다는 말은 '오만' 하다는 뜻이 아닙니다. '자신만만한 독서'가 어째서 좋은지는 사람과 만날 때를 생각하면 금방 알 수 있습니다.

'이 사람은 얼마나 멋진 사람일까? 이 사람에게 관심을 두고 잘 만나 보자!' 하고 적극적으로 사귀면 당연히 좋은 만남이 될 겁니다.

하지만 '이 사람이나 저 사람이나 특별할 거 있어?' 하고 생각한다면 만나는 사람마다 모두 마땅치 않겠지요.

'나는 분명히 이 책에서 새로운 무언가를 발견할 수 있을 거야' 하는 마음으로 읽으세요.

그런 사람은 절에 가서도 새우젓을 얻어먹을 겁니다.

저는 책의 도움을 한두 번 받은 게 아니랍니다. 인생은 좋은 책과 만남으로써 확 바뀝니다. 경찰관 지망생이었던 제가 장사를 해야겠다고 결심한 것도 남아도는 시간을 때우기 위해 우연히 읽은 《용마가 간다》 전8권^(시바 료타로 지음) 때문이랍니다! 책은 무엇에나 잘 따릅니다.

장사 때문에 고민이라면 장사를 살리는 책을 읽어야겠지요. 실연했다면 기운을 되찾아 줄 만한 책을 읽으세요.

자신 있게 활짝 웃는 좋은 사람이라면 틀림없이 좋은 책과 만날 것입니다.

그리고 손님, 혹시 자기가 관심 있는 책만 읽고 있지는 않은지요? 만약 그렇다면 누군가가 "이 책 좋아"하고 권해 준 책을 순순히 읽어 보세요.

이렇게 말하니 설교하는 것 같지만 거기에는 분명한 까닭이 있답니다!

책은 마음의 양식이라고 말하잖아요? 양식이라면 몸의 양식이 되는 음식과 마찬가지로 균형이 중요할 것입니다. 그러니까 가끔은 별로 관심이 없었던 분야의 책도 읽어 보세요. 누군가가 "이거 참 좋아" 하고 권해 준 책이라면 내용도 꽉 차 있을 테지요. 그러면 지금까지 생각하지도 못했던 새로운 지혜의 세계가 열려 마음이 훌쩍! 하고 소리를 내며 성장할 걸요! 자신의 벽을 넘을 수 있을 것입니다.

너무나 당연한 말인데도 최근 서점에 오시는 손님들을 살펴보면 이 사실을 통 모르는 분이 많은 것 같아 안타까워요.

그럴 때는 제게 꼭 한 마디 물어 주세요!

손님의 균형에 딱 맞는 절묘한 책을 소개해 드리겠습니다. 어때요? 이제 하고 싶은 말은 다했으니 이러쿵저러쿵 토를 달지 말고 책을 읽읍시다!

운을 강하게 하는 독서 비법 7

자신감 있게 좋은 책을
확 끌어당깁시다!

시미즈의 혼잣말

오른손에 책, 왼손에 술을 들고 조용히 혼잣말을 중얼거리는 밤……. 아아, 행복합니다……!

책을 읽지 않는 아이에게 어떻게 책을 권해야 할까?

예를 들어 남자아이라면 "이 책을 읽으면 여자아이들에게 인기가 있을 거야" 하며 툭 던져 놓는다든가, 아이의 입장에 서서 구미가 당길 만한 말을 찾습니다. 그런 거짓말은 괜찮아요. "아니, 뭐라고? 어디에 그런 말이 쓰여 있는 거지?" 하고 끝까지 읽는다면 의도한 바를 이룬 셈이니까요!

독서와 용기

제가 앞으로 다가올 시대를 위해 매우 중요하게 여기는 것이 있습니다. '무엇에도 좌우되지 않는 양심'과 '상식의 틀을 깨는 사상과 용기.'

주위의 압력이나 의견에 쉽게 흔들리지 말자.

어떤 틀 속에 푹 잠겨 있는 자신을 깨닫자.

그러려면 용기와 독서가 필요합니다.

책을 멀리하는 사람을 독서가로 바꾸는 방법

사람은 원래 향상심으로 똘똘 뭉쳐 있기 때문에 책을 싫어할 리가 없습니다. 아무리 "책은 지루해" 하고 말하는 사람이라도 정말로 멋진 책을 한 권만 접하면 확 바뀝니다.

책은 일 대 일로 대화를 나누므로 설교 당하는 느낌이 전혀 없어 순순히 읽을 수 있습니다. 여러분의 주변에 어떤 일로 고민하면서도 책은 싫다는 사람이 있다면 절호의 기회! 좋은 책 한 권으로 그 사람의 마음에 등불을 밝혀 주세요.

Question

시미즈 씨에게 질문! 둘

요즘 속독이 유행처럼 번지고 있습니다. 역시 속독을 배우는 게 좋을까요? (24세/여성)

Answer 속독은 쉽게 좋다 나쁘다 말할 수 있는 문제가 아닙니다. 자신에게 맞으면 되는 거죠.

이왕 하려면 즐겁게, 두근거리는 마음으로 열심히 하세요. 신나는 세계가 기다리고 있을 겁니다.

텔레비전이나 잡지, 베스트셀러 등을 보고 세상에 선동되어 '나만 뒤처지면 어쩌지?' 하는 생각에 초조해 하는 것은 대단한 착각입니다.

세상의 상식에 맞춰 살려고 하면 상식의 '위'에 설 수 없어요.

책을 천천히 읽어도 사는 데는 아무런 지장이 없습니다.

저희 협회 회원들은 거의 다 책을 굉장히 느리게 읽는 걸요! 그보다는 먼저 밝고 씩씩한 마음을 가지세요.

  자신이 밝으면 사람들의 마음에도 등불이 환하게 켜집니다. 그것이 가장 중요해요.

  밝은 마음을 위해 책을 읽으시길 바랍니다.

숨은 이야기 사흘째 밤

장사의 지혜가 생기는
강운도

아니, 손님!

　옷이 흠뻑 젖었잖아요! 이렇게 장대비가 내리는데도 어김없이 와 주셨군요!
　네? 이런 날 풀어 놓는 숨은 이야기는 평소보다 훨씬 뜨겁지 않느냐고요? 하하하하……! 손님이 그렇게 말씀하시니 저까지 후끈 달아오르네요.
　자, 빗소리를 안주 삼아 오늘 밤도 한 잔 마셔 볼까요!
　그렇지! 오늘밤은 특별히 책장사에 관해 허심탄회하게 털어놓아야겠습니다.
　사실 상인의 눈으로 서점업계나 출판업계를 바라볼 때 좀 이해가 가지 않는 일이 꽤 있답니다. 이렇게 비가 추적추적 내리는 날, 한 번 이야기보따리를 풀었다간 끝없이 꺼낼지도 모르는데 괜찮을까요?
　이름하여 '책방 아저씨의 본심은 책 읽는 기분!'

1. POS(판매 시점 관리) 데이터를 백퍼센트 활용하자

저는 샐러리맨 시절에 세븐일레븐의 지점장을 지냈습니다. 물론 그 때에도 업계에서 최고의 매상을 올릴 정도로 수완 좋은 상인 샐러리맨이었지요. 헤헤헤! 그곳을 그만두고 뛰어든 곳이 이 서점업계랍니다.

맨 처음에 도매상에서 "강습회가 있으니까 와 주세요" 하고 말하기에 들으러 갔다가 이 업계의 매입 구조를 처음으로 알게 되었어요. 그런데 저도 모르게 귀를 의심했습니다. 세상에 "POS 데이터를 보고 지금 잘 팔리는 책을 주문하세요" 하고 말하지 뭡니까! '지금 잘 팔린다'는 말은 과

거에 이미 끝난 이야기잖아요? '다음에 올 파도'를 예상하고 그 가설에 따라 매입한 결과 잘 팔렸는지 그렇지 않았는지를 조사하기 위해 존재하는 것이 POS데이터입니다. 자신의 가설과 손님의 필요가 딱 맞아떨어졌는지 여부를 조사하기 위해 POS데이터를 쓰지요. 그런데 서점업계에서는 과거의 데이터를 기준으로 매입하라고 하다니! 이건 정반대잖아요. 세븐일레븐에서 일하는 사람에게 그 이야기를 들려주었더니 어이없다는 듯이 웃더군요. 현재 저희 '독권'은 독자적인 방식으로 책을 매입하고 있습니다.

"지금 이런 책이 잘 팔리니 다음에는 손님이 저런 책을 원하지 않을까? 그렇다면 이런 제목으로 캠페인을 벌여 손님에게 정보를 전달하자!"

뭐, 이렇게요. 그래서 잘 팔리는 책과 팔리지 않는 책이 나오면 그 결과를 바탕으로 목록을 수정하지요. 이런 식으로 하니까 점점 세상의 흐름을 어떻게 읽는지 알게 되더군요. 이거 당연한 이야기죠? 하지만 서점업계의 상식은 다

르더라고요. 우리는 '상식'이라는 말을 자주 입에 올리지만 마루칸의 상품명을 한 번 보세요. '도칸(쿵)'에, '우레시나키(기쁨의 눈물)'에 모두 특이한 이름뿐입니다. 만약 일반적인 상식에 입각하여 이들 상품에 한방약 이름을 붙였다면 아무도 기억하지 못할 겁니다. 하지만 가정에서 "여보, 돌아올 때 '쿵' 좀 사다 줘요" 하는 대화가 오가도록 했으니 마루칸이 강할 수밖에 없죠. 그런 건 직함이나 권위가 아닌 상인의 머리로 생각해야 합니다.

운을 강하게 하는 장사 비법 1

다음에 올 파도인 가설을
스스로 세우자고요!

2. 상식을 뛰어 넘자 – 80대 20의 법칙

저는 경영서적 코너에 '예쁜 모델의 사진집'을 일부러 섞어 놓곤 합니다. 그런데 그게 사람들에게 인기가 꽤 좋아요!

일반서점은 어디나 분야별로 책을 진열하죠.

개중에는 분야가 다른 책이 눈에 띄면 철저하게 제자리로 갖다 놓는 데 사명감을 불태우는 서점도 있을 정도로요.

하지만 도대체 누가 '분야별로 진열하라'고 정했단 말입니까?

알아보기 쉽게 분류하되 전혀 뜻밖의 책을 섞어 진열해 보세요. 틀림없이 눈에 확 띌 겁니다.

자신의 마음 속에 생긴 상식은 가끔 의심해 봐야 합니다!

흔히 80대 20의 법칙 이라고 하잖아요? 80을 상식이라고 하면 상식을 초월하는 20에서 지혜가 나옵니다.

그래서 세상의 파도가 철썩, 하고 밀려올 때마다 20쪽에 있는 사람은 한 걸음 앞서게 됩니다.

그리고 그 쪽이 80의 상식보다 더 행복하지요.

운을 강하게 하는 장사 비법 2

상식을 벗어나 생각하면 멋진 아이디어가
여러 가지 떠오릅니다!

3. 제트기류를 타자

 사이토 히토리 씨가 가르쳐 주신 이야기 가운데 '제트기류의 법칙'이라는 것이 있습니다.

 제트기는 기류를 타고 쏜살같이 날아가잖아요? 그와 마찬가지로 어느 지점에 물건을 살짝 얹어 놓으면 날개 돋친 듯 잘 팔리는 분기점이 있답니다.

 그 분기점이 어디에 있느냐고 물으신다면……?!

 …… 헤헤헤, 말씀드리죠.

 '안정'과 '모험'의 틈새기입니다. 잘 팔리는 상품에는 법칙이 있어요.

 '너무 안정되면' 재미없고 금방 질립니다. 그렇다고 '너무 모험하면' 위험해요. 잘 맞아떨어지면 이익이 엄청나지만 어긋나면 고통스럽습니다. 그러니 그 둘의 한가운데를 노리는 거죠.

예를 들어 '선거하러 가지 않는 당신은 훌륭하다!'는 제목으로 책을 낸다고 합시다.

선거가 끝나면 투표율이 낮다는 사실이 텔레비전이나 신문에서 화제가 되잖아요? '정치의식이 낮다'는 말이 나올 때마다 선거하러 가지 않은 사람은 나쁜 짓을 저지른 것 같아 꺼림칙해집니다. 하지만 사실 우리나라 국민들은 대부분 '자신이 선거를 하러 가든 안 가든 정치는 바뀌지 않는다'는 사실을 알고 있지요. 따라서 '선거하러 가지 않는 당신은 훌륭하다!'는 책을 내면 잘 팔릴 것입니다. 그렇게 생각하는 사람이 훨씬 많으니까요.

그런데 이따금 '선거하러 가자!'는 제목으로 책이 나온단 말이죠. 일단 제목은 '선거하러 가지 않은 당신은 훌륭하다!'고 붙이고, 그 책의 마지막 부분에 '하지만 역시 선거하러 가는 게 바람직하다'는 뜻을 알기 쉽게 쓰면 좋을 텐데……. 사실은 《성공한 사람들의 독서습관^{(원제목은 책 읽는 기분 이라는 뜻의 本調子(혼초시)이다-역주)}》도 맨 처음에 종합법령출판사의 영업부장인 다케시타 씨에게서 '그런 것이었구나, 독서란!'이라는 제목을 붙이자는 제안을 받았습니다.

그 제목도 나쁘지 않았어요. 하지만 어쩐지 '안정'의 냄새가 나더군요. 그래서 다음에 생각한 것이 '속서^(續書) 권장'이었습니다. 언뜻 '독서 권장'인 줄 알았더니 '독'이 아니라 '속'인 겁니다. 어라? 하고 생각하겠지요.

사람은 틀린 것을 보면 머리가 혼란스러워집니다. 그래서 정말로 틀린 것인지 어떤지 확인하고 그 잘못을 바로잡으려 하죠. 그러니 이 제목이라면 한 번쯤 책을 손에 들어 볼 것입니다. 하지만 과연 계산대로 가져갈까요? 이 점을 생각하니 '모험'이더군요.

그 때 '혼초시'라는 말이 떠올랐습니다.

아, 이것이야말로 제트기류를 탈 만한 제목이구나!

어때요? 그렇게 생각하지 않습니까?
저는 알았습니다. 냄새로 그걸 알아차렸다고요!

> **운을 강하게 하는 장사 비법 3**
>
> '안정'에 너무 익숙한 우리는 조금
> 위험하지 않을까? 하는 생각이 들 정도의
> 모험을 해야 딱 알맞습니다!

4. '좋아한다'는 말을 듣자

'좋아한다'는 말은 사람의 마음에 떠오르는 태양처럼 눈부신 빛이랍니다. 좋아한다고 말하는 것은 매우 중요합니다. 물건을 살 때도 느낌이 좋은 사람에게서 사잖아요.

얼마 전까지는 '좋은 물건'이면 팔렸습니다. 하지만 지금은 한결같이 좋은 물건뿐이에요. 그 때문에 소비자들은 무엇을 기준으로 물건을 골라야 할지 혼란스러워졌지요. 이젠 '단지 좋기만' 해서는 물건이 팔리지 않아요.

앞으로는 다른 사람에게 사랑 받는 일이 더욱 중요해질 겁니다.

인상이 밝고 선한 사람이 상품을 권하면 그것만으로도 기분이 좋잖아요?

직장을 구하고 있는 사람도 자신이라는 상품에 대해 한 번 생각해 보기 바랍니다.

"지금은 불경기라서……."

하고 잔뜩 풀이 죽어 있는 사람에게는 절대로 운이 붙지 않습니다.

장사를 잘 하느냐 못 하느냐는 결국 '남에게 사랑 받는 사람'이 되도록 노력하느냐 어떠냐의 문제가 아닐까요?

운을 강하게 하는 장사 비법 4

다른 사람에게
사랑 받는 사람이 됩시다!

5. 계략을 꾸미자!

'계략을 꾸미는' 일은 매우 중요합니다. 기업에 근무하는 분들은 특히 더 '기도(企圖)'하자고요~!

저도 계략을 꾸미는 일을 좋아합니다.

누군가와 만날 때 '깜짝 놀라게 하는' 일도 일종의 '기도'잖아요.

좋은 책들 사이에 일부러 어려운 책을 꽂아 놓고는 그것을 손님이 사려고 하면 탁탁탁 어깨를 두드리며

"손님, 그 책보다 이 책이 좋습니다."

하고 말하지요, 헤헤헤.

아참! 손님,

잘 팔리는 책과 팔리지 않는 책을 구별하는 법을 아시나요? 이거, 굉장히 간단해요. 들어가는 말을 공들여 쓰지 않은 책은 잘 팔리지 않습니다. 처음은 그만큼 중요하지요.

사이토 히토리 씨가 그러시더군요. 보통 사람은 좋은 상품을 만드는 데 힘을 80퍼센트나 쓰면서 손님에게 팔기 위해서는 20퍼센트밖에 정성을 기울이지 않는다고요.

그러나 좋은 상품을 만들었다면 그 네 배 정도의 힘을 쏟아서 어떻게든 손님이 사도록 '계략'을 꾸며야 합니다. 책도 마찬가지예요. '좋은 책'을 만들었다면 손님이 그 책을 사 보도록 해야 할 것 아니겠어요? 그러니까 들어가는 말 정도는 심혈을 기울여 썼으면 합니다.

가끔 자신의 경력을 죽 늘어놓는 사람이 있는데 그래선 안 돼요.

예를 들어 이 책의 머리말이 '저는 에도가와 구에서 2천 몇 년에 서점을 열고······' 하는 식으로 시작된다면······ 어때요? 하하하하······읽지 않겠지요?

《강요하는 초보 감동시키는 프로》(나무한그루 / 기노시타 하루히로 지음)라는 책이 있습니다. 이 책은 정말 굉장하답니다! 들어가는 말을 한 줄만 읽어도 책 속으로 쑤욱 빠져들고 말지요. 절대로 그 책에서 눈을 떼지 못해요.

이런 책을 만나면 사람은 책을 읽는 기쁨을 사무치게 느끼게 되죠. 관심이 있는 분은 꼭꼭 읽어 보세요!

운을 강하게 하는 장사 비법 5

까르르 웃음이 나고 마음이 확 밝아지도록
재미있는 일을 꾸밉시다!

6. 부조화가 재미있다!

요즘 서점에서는 CD나 커피, 문방구를 당연한 듯이 함께 팔잖아요?

어느 날 사이토 히토리 씨가 이런 말씀을 하시더군요.

"지금은 이렇게 CD와 책을 함께 파는 일이 흔해졌지만, 이런 스타일을 처음으로 생각해낸 사람이 있을 테지?"

그래요! 맨 처음에 시작한 사람은 주위 사람들에게 "그런 어중간한 짓은 그만두게, 우린 어디까지나 서점이라구. 다방도 아닌데 커피를 팔다니 볼썽사나워" 같이 반대하는 목소리를 많이 들었을 겁니다.

그래도 과감히 시작해 보니 반응이 좋아 대성공을 거둔

거죠. 그렇다면, 언뜻 성질이 전혀 다른 두 요소가 어우러져 흥미를 자극할 만한 발상이 번쩍 떠오르면 큰맘 먹고 시도해 보는 건 어떨까요?

목욕탕과 서점? 전자제품 대리점에서 우유를 판다?

된장국을 이탈리아 요리에 사용해 보면?

헤헤헤. 머리 속으로 이런 생각을 하고 있으면 재미있어서 좀처럼 잘 수 없어요!

우리는 어릴 적에 "이거 하면 안 돼", "저거 하면 안 돼", "다른 사람들 보기에 창피하지도 않니?" 하는 말을 줄곧 들으며 자라서 '중간'만 가면 된다는 사고방식에 젖어 있어요.

그래서 떠오른 아이디어가 '정말 기발한 걸' 하는 생각이 들어도 품속에만 따끈하게 간직할 뿐 좀처럼 세상에 내놓지 않지요.

…… 안타깝습니다!

언제나 한 사람이 떠올린 발상이 장사를 크게 해 주니까요.

운을 강하게 하는 장사 비법 6

전혀 뜻밖이어서
모두들 깜짝 놀랄 만한
재미있는 부조화를 생각해 봅시다!

7. 장사의 비법은 바로 이것!

'사람을 위해서……!' 라는 마음을 언제나 간직하고 싶습니다. 저는 서점을 운영한다고 해서 제 욕심대로 사람들이 무조건 책을 많이 사 주기를 바라지는 않습니다. 꿍꿍이가 있는 사람이나 잘난 체하는 사람은 빙긋 웃으며 돌려보내지요.

요즘 서점이 망한다는 이야기를 자주 듣습니다. 하지만 손님, 서점이 망해서야 되겠어요? 절대로 그런 일은 없을 겁니다. 저는 상인으로서 '책'을 팔기로 결심한 일에 자부심을 느낀답니다.

저는 고교시절 요시다 신사이라는 일본 제일의 다도 선생님 댁에서 하숙했습니다. 그 하숙방이 서고여서 제가 오늘

날과 같이 책을 좋아하게 되었다는 이야기는 《성공한 사람들의 독서습관》에서 이미 말씀드렸습니다. 이 신사이 선생님은 '일본에서 가장 욕심이 없는 사람'이지요. 그 무렵 고등학생이었던 저에게 장차 '복지'의 길을 걷기를 바라셨다고 합니다.

이후 대학에 진학하고 취직을 했다가, 독립하여 서점을 연 뒤부터는 일본 제일의 상인인 사이토 히토리 씨의 사랑을 듬뿍 받게 되었습니다. 히토리 씨는 이제 막 샐러리맨을 벗어난 제게 참된 상도를 가르쳐 주셨지요.

만약 히토리 씨라는 상인을 만나지 않았다면 '독서 권장'은 벌써 무너졌을지도 모릅니다. 지금은 NPO법인 '독서보급협회'를 통해 '복지'의 길도 걷고 있으니 인생은 참 알 수 없어요……. 일본에서 제일 가는 두 선생님의 밑에서 배운 이상, 저의 사명인 '독서보급'은 반드시 '제트기류'를 타고 말 겁니다. 그것이 두 선생님과 이 나라가 제게 베푼 은혜를 갚는 길일 테니까요.

흔히들 "시미즈 씨는 자신이 좋아하는 책만 골라 팔 수 있으니 좋겠어요" 하고 말합니다. 하지만 그건 좀 오해예요. 저희 서점에서는 손님이 '읽기를 잘 했어' 하고 흐뭇하게 여길 만한 책을 팔고 있답니다! 제 기호로 책을 선정하는 게 아니에요. 그러니까 저희 서점에 오시면 좋은 책을 만날 확률이 높지요. 정말로 도움이 되는 책만 꽂아 놓거든요, 자랑이지만! 앞으로도 저는 의리와 인정이 있는 상도를, 저만의 색깔을 또렷이 내며 당당히 걸어갈 겁니다.

운이 강한 국가의 내일을 위해…

전국에서 서점을 운영하고 계시는 여러분, 어떻습니까? 저와 함께 지혜를 짜내 국가의 내일을 위해 새로운 서점도를 구명해 나가지 않겠습니까?

시미즈의 혼잣말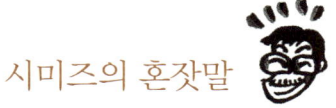

상인은 보통 사람과 달리 기발한 발상을 해야 합니다.

그러기 위해서도 늘 상쾌한 기분으로 머리를 나긋나긋하게 유지하자고요.

부탁

"부탁은 거절하지 않는 것이 좋다"고 말하지만 마음이 썩 내키지 않는다면 그런 건 별로 의미가 없습니다.

'참는' 마음이 크면 피해서 지나갑시다.

"앗! 피해도 괜찮나요?"

물론이죠! 이전에 저도 거래처라서 참고 사귀던 분이 있었습니다. 그 때 우울한 표정을 짓고 있었더니 "왜 그런가?" 하고 히토리 씨가 물으시더군요. 사정을 다 들으신 히토리 씨가 제게 뭐라고 하신 줄 아세요?

"피하게!"

이 말을 듣자 속이 후련했습니다.

싫은 사람 하나에게 마음이 온통 쏠려 있으면 자신도 그와 함께 정체되어 버립니다. 하지만 피해서 높은 곳에 도달하면 큰 문제라고 생각했던 일도 간단해지더군요.

자신을 태양처럼 밝게 유지하세요.

그래서 많은 사람에게 최대한 즐겁게 다가가는 것이 결과적으로 '부탁을 들어주는' 거랍니다.

Question

시미즈 씨에게 질문! 셋

책을 다양하게 읽고 있지만 장사는 여전히 어렵습니다. 힌트를 얻을 수 없을까요? (48세/남성)

Answer 그것은 간단해요!

저도 장사가 잘 안 되어 고민하던 시절이 있었는데, 그 때 이런 생각을 했지요.

'과연 나는 책에서 읽은 대로 실천하고 있는가?'

행복을 이루는 사람들은 누구나 한 번쯤 절망을 맛본다고 합니다. 그런 사람들이 쓴 책이 세상에 잔뜩 나와 있고, 그 책들을 열심히 읽었으니까 이제 남은 건 실천뿐이잖아요?

그 점에 주의가 미치자 슬럼프에서 깨끗이 빠져나올 수 있었답니다. 장사는 여러 가지 방법이 있습니다.

일본 제일의 상인인 히토리 씨가 그러시더군요.

"반드시 부자가 되는 방법이 있다네. 무엇이든 상관없으니 일본에서 제일 가는 물건을 만들게."

가게 앞에 커다란 돌을 가져다 놓고 '우리나라에서 가장 큰 돌이 있는 가게'라든가, 입간판을 백 개쯤 세워 두고 '우리나라에서 간판이 가장 많이 세워져 있는 가게'라든가…….

좀 무지막지해 보이더라도 '부조화' 발상과 마찬가지로 지금까지 어디에도 없었던 '우리나라 제일'을 생각해 행동으로 옮겨 보세요. 그러면 자연스럽게 화제가 되어 매스컴에서 취재하러 올 겁니다. 스스로도 '우리나라 제일'임을 의식하기 때문에 저절로 돈을 벌게 된다는군요.

자, 어떻습니까? 우리나라에서 가장 특이한 '우리나라 제일'을 시도해 보지 않겠습니까?

이제 손님이 실천하느냐 마느냐, 거기에 달렸습니다.

숨은 이야기 나흘째밤

자신을 믿고 강한 운을
끌어들이는 삶의 길

손님, 기다리시게 해서 죄송합니다.

이거 정말 오랜만이군요!

네? 제가 권해 드린 책을 읽고 사람을 만나러 다니느라 바쁘셨다고요?

여어! 그러면 그렇지. 어쩐지 손님의 웃는 얼굴이 전보다 훨씬 밝아 보이더라고요. 분위기가 산뜻하고 멋스러워요! 과연! 그 순수한 마음씨에 정말 감동했습니다! 좋습니다!

그렇다면 오늘밤에는 축하하는 뜻에서 손님에게 붙은 강한 운을 단단히 매어놓는 비법에 대해 이야기하도록 하지요.

운을 강하게 하는 삶을 살면 좋은 책이나 좋은 사람과도 몇 배나 많이 만날 수 있답니다…….

1. 사람에게는 굉장한 힘이 있다

 손님, 저는 사람이 참 대단하다고 생각합니다. 사람의 몸은 대부분 물로 이루어져 있다고 하잖아요?

 여기 《물은 답을 알고 있다 – 물이 전하는 놀라운 메시지》라는 책이 있습니다.

 그래요, 물은 답을 알고 있어요. 하지만 물 한 방울 한 방울은 아무것도 할 수 없지요. 지시가 없으면 움직이지 않아요. 좋은 말을 많이 하면 몸은 아름다운 결정으로 가득해질 겁니다. 그렇게 생각하니 자신의 몸에 좋은 지시를 내리고 싶어지지 않습니까?

 '사람은 약한 생물'이라고 말하는 사람이 있는데 그렇지 않아요.

사람에게는 굉장한 힘이 있어요!

먼저 그 사실을 믿는 일부터 시작해 보세요.

아이가 주눅이 드나요? '전 이렇게 나약해요' 하고 말하는 아이가 있나요? 사람은 원래 태어날 때부터 강하다고 생각하면 삶은 바뀝니다! 곤란한 일이 일어나지 않아요.

꼭 해야 할 일은 스스로를 믿으면 반드시 해낼 수 있어요. 그런데 왜 해내지 못하냐고요? '자신에게 엄청난 힘이 있다'는 사실을 믿지 않기 때문이지요.

서점을 운영하다 보니 이런 말을 정말로 많이 들어요.

"이 책을 쓴 ○○○ 씨는 참 대단해요."

"○○○ 선생님을 꼭 뵙고 싶어요."

하지만 강연이든 책이든 그의 말에 한 번 감동했다고 해서 "○○○ 선생님은 훌륭해, 대단해" 하며 우상으로 떠받들다니 좀 이상하지 않습니까? 스스로 자신의 영혼을 왜소하게 만들다니요!

강한 사람이나 큰 사람을 '굉장하다'며 의지해서는 안 됩니다. 그들의 모습을 참고로 자신의 삶을 개척해야 해요. 실천해서 자신을 빛내야지요. 사실은요, 여러분 한 사람 한 사람이 모두 대단해요.

 여러분 한 사람 한 사람이 빛을 발해서 주위 사람들에게 복을 나눠줘야 합니다. 이런 말을 어떻게 받아들일지 모르겠지만, 저는 히토리 씨야말로 진짜 대단한 분이라고 생각합니다. 하지만 히토리 씨에게 가르침을 받은 이상 히토리 씨를 뛰어넘자, 뛰어넘을 수 있도록 항상 웃으며 노력하자고 다짐한답니다.

 히토리 씨의 무엇이 그리도 대단하냐고요? 그 분은 '사람들이 저마다 귀한 존재임을 알리기 위해' 살고 계시거든요. 자기 주변에 있는 사람들을 항상 격려하고 크게 키워주세요. 일본 제일의 부자가 되어서도 일본 제일이라는 말 따위 전혀 개의치 않게 생각하신 답니다. 단지 '그 덕분에 다른 사람에게 저마다 귀한 존재임을 알려 주기 쉬워졌다'

는 사실에만 기뻐하시지요. 그것이 일본 제일의 상인, 히토리 씨의 삶입니다. 그리고 히토리 씨가 그런 분이시기에 '완복', 완고할 정도로 복이 찾아오는 거죠.

손님은 어떤 사람과 만날 때 그가 귀한 존재임을 느끼게 해 주시나요?

"○○○ 선생님을 뵙고 싶어요, 뵙고 싶어요" 하고 말하기 전에 먼저 그 선생님처럼 실천해 보자고요.

손님에게는 엄청난 힘이 있으니까요……!

운을 강하게 하는 삶의 비법 1

"나에게는 엄청난 힘이 있어!"
"나에게는 대단한 힘이 있어!"
이 말을 세포 하나하나에 또렷이 새깁시다!

2. 상식의 '위'를 살자

잠깐 여쭤보고 싶은 게 있는데요……?

손님, 상식에도 '위', '가운데', '아래'가 있다고 생각해 본 적 있으세요?

헤헤,…… 무진~장 고개를 끄덕이시네요! 있답니다. 확실히 있어요!

'가운데'는 모두가 옳다고 말하는 상식이죠. 텔레비전이나 잡지에서 다루는 일들요.

'아래'는 좋지 않은, 따라 해서는 안 되는 상식입니다.

상식의 '위'를 깨달으면 사람들이 모두 좋아하지요! 대체로 '상식'이 세상에 나올 때마다 고통스러워하는 사람도 많아집니다.

예를 들어 학교 선생님이 제자를 때린 일이 '학교 폭력'이라고 보도되면,…… 이제 그것은 상식의 '가운데'가 됩니다.

그러면 호랑이 선생님 같은 좋은 선생님이라도 아이들을 때리지 못해요. 옛날에는 호랑이 선생님 같은 열성적인 선생님이 계셔서 저도 퍽 맞았어요…….

주위에도 맘씨 좋은 아저씨, 아주머니가 많아 나쁜 짓을 저지르면 눈물이 쑥! 나도록 혼이 났지요.

아, 그래요. 저도 좀 유별난 아이여서 학교에서 공부하다가 지루해지면 중간에 집으로 돌아와 버렸어요. 돌아오는 길에 어묵이 생각나면요, 실컷 먹은 뒤 "아저씨! 근데 돈이 없어요" 하고 말했죠. 그러면 아저씬 "어쩔 수 없군!" 하시며 집까지 따라와 돈을 받아갔지요.

제가 수업을 다 마치지 않고 도망 나온 일에 대해선 별 말씀 안 하셨어요. 그런 아저씨도 괴롭힘을 당하는 친구를 못

본 척하면 저를 아주 따끔하게 혼내셨답니다.

중학교 때는 어른들 몰래 담배를 피우다가 이웃 아주머니께 들켜서 어찌나 꾸지람을 들었는지!

요즘엔 그렇게 '상식의 위'를 실천하는 사람이 참 드물어요. 지금 우리나라는 교육이 엉망이라고 말하지만 그건 모두들 상식의 '가운데'에서 행동하기 때문이지요.

설령 학교 선생님이라도 상식의 '가운데'에서 이야기한다면 그 선생님의 말은 안 들어도 괜찮습니다. 하지만 상식의 '위'에서 말씀하시면, …… 똑바로 들어야 해요. 어느 쪽에서 이야기하는지는 마음으로 들으면 아이라도 분명히 알 수 있습니다.

아, 손님은 자녀를 키우면서 매를 든 적이 있습니까?

저는 얼마 전에 고등학교에 다니는 큰아들을 호되게 때렸답니다. "억울하면 덤벼!" 하고 말하면서요. 정말로 덤벼들까 봐 속으로는 좀 떨었어요. 하하하. …… 하지만 옳지 않은 행동을 했을 때 정색을 하고 혼내주는 사람은 무척 중요하지 않습니까?

아동학대는 '상식'의 '아래'지만 '아이가 정말로 멋진 사람이 되길 바라는 마음에서 때렸다'면 상식의 '위'에 해당합니다. 똑같이 때리더라도 딱 한 가지 다른 점이 뭐라고 생각하세요?

'사랑인가 아닌가'이지요.

상식의 '위'와 '아래'는 겉으로 드러난 행동만 보면 똑같은 경우가 많습니다. 그래서 괜한 오해를 받고 싶지 않다는 '무사안일주의'적 발상으로 중용을 취하기 때문에 상식의 '가운데'가 형성되는지도 모르겠어요.

하지만 진심을 담아 상식의 '위'에서 꾸짖었다면 틀림없이 누군가가 알아줄 겁니다.

"이혼 참 잘하셨어요" 하는 말도 상식의 '위'입니다.

사실 이렇게 말하면 "그렇게 심한 말을 하다니 제정신인가!" 하고 화를 내는 분이 많아요. 상식의 '아래'로 파악하기 때문이지요.

상식의 '가운데'라면 "이혼? 좀더 신중하게 생각해 봐! 아이들은 어쩔 거야?" 하고 말하겠죠?

하지만, 본인이 괴로워서 하루하루 죽고만 싶은데 억지로 결혼 생활을 이어갈 순 없잖아요. 어렵게 결심하고 이혼한 거니까 축복해 줘야지요. 이것이 상식의 '위'랍니다.

전에 가까운 사람이 이혼 문제로 한바탕 소동을 일으킨 적이 있어요. 그 때 히토리 씨께 그 일을 말씀드렸더니, 이거 굉장했습니다! 갑자기 히토리 씨의 제자들이 한꺼번에 일어나 "축하합니다~!" 하고 박수를 치더군요.

정말 깜짝 놀랐습니다! 다른 곳이었다면 사람들에게 혼이 났을 거예요. 하지만 상식의 '위'를 아는 사람은 다른 사람이 뭐라고 하든 태평하죠.

…… 손님, 손님은 어때요? 앞으로 상식의 '위'를 아는 사람으로 살겠습니까?

예를 들어 친구와 있을 때나 학교, 또는 직장에서 모두들 입을 모아 상식을 내세울 때, "그게 꼭 옳진 않아" 하고 말할 수 있다면 정말 멋질 겁니다! '애인에게 차인 사람'에게 "잘 됐어!" 하고 말하면 틀림없이 깜짝 놀랄 테죠? 하지만 깜짝 놀람으로써 그 사람의 마음이 열려 이야기를 진지하게 듣게 됩니다. 그 때 사랑이 담긴 말을 건네면 마음이 움직이지요.

하긴 그러려면 역시 책을 많이 읽어야겠군요! 헤헤헤.

운을 강하게 하는 삶의 비법 2

기존의 상식을 벗어나면 새롭고
큰 세계가 보입니다.
그곳은 매우 기분 좋고 밝은 세계랍니다!

3. 액셀러레이터와 브레이크를 혼동하고 있지는 않은가?

불안해지거나 고민에 잠긴다는 것은 앞으로 나가고 있다는 증거입니다. 너무나 당연한 현상이죠.

마음은 풀어 놓으면 이내 어두운 생각을 합니다. 위험으로부터 몸을 지키기 위한 본능적인 반응이니 어쩔 수 없어요. 하지만 오늘날 우리나라는 치안이 잘 되어 있어서 위험한 일이 거의 일어나지 않지요. 그러니까 액셀러레이터를 밟을 만한 곳에서는 꼭 액셀러레이터를 밟자고요!

예를 들어 사랑에 빠진 젊은이가 '어째서 그녀에게 내 마음이 전달되지 않는 걸까?' 하고 안절부절못하고 있다고 합시다. 그럴 때는 자칫 액셀러레이터와 브레이크를 반대로 사용하기 십상이죠. 브레이크를 밟았다, 그런데 사실은 '이봐, 여기는 액셀러레이터를 밟아 앞으로 나가야 할 때라구!' 하는 식이죠.

이건 제게 자주 있는 일인데요, 울컥 화가 치밀었을 때도 마찬가지예요. 브레이크를 밟아야 하는데 액셀러레이터를 밟아 지나치게 꾸짖게 된단 말이죠. 헤헤.

감정에 맡겨 두면 액셀러레이터를 밟아야 할 자리에서 브레이크를 밟는다거나 브레이크를 밟아야 할 자리에서 액셀러레이터를 밟게 돼요. 그래서 의식적으로 바꿔 행동하면 대체로 맞더라고요. 그렇게 바꿀 수만 있다면 마음을 조종하는 일은 의외로 간단합니다!

뭔가에 기가 죽으면 우울해져 그 자리에 멈춰 서게 되잖아요? 다시 한 번 말하지만 주눅이 드는 일은 대단히 자연스러운 현상입니다. 바꿔 말하면 주눅 들지 않는 사람은 아무것에도 도전하지 않는 사람이에요.

불안할 때가 바로 도전할 때랍니다! 고민이 있거든 생각하기 전에 우선 몸을 움직여 보세요.

장사 문제라면 상품을 옮겨 본다든가 누군가를 즐겁게 해 주러 간다든가.

기분이 상쾌해지면 틀림없이 좋은 아이디어가 떠오를 겁니다!

운을 강하게 하는 삶의 비법 3

자신이 없거든 움직입시다!

4. 도대체 누구를 두려워하는가

다시 한 번 묻겠습니다.

"도대체 누구를 두려워하는 거죠?"

…… 이것은 요즘 같은 시절에 매우 중요한 질문이라고 생각합니다.

예를 들어 신세를 지고 있는 사람이나 선배가 "그건 그만두는 게 좋아" 하고 말하면 대부분의 사람들은 바로 포기하거나 혹은 움츠러들지요.

하지만 그렇게 기를 죽인 사람은 손님 대신 손님의 삶을 책임집니까? 결코 책임지지 않죠?

대체로 무언가를 그만두는 까닭은 두려움 때문입니다. 지레 브레이크를 밟는 거죠.

늘 신세를 지고 있는 그 분을 위해서라고 말하지만 사실은 자기변명이에요.

하지만 그런 때일수록 액셀러레이터를 밟아야 해요!

바로 얼마 전까지 저는 요시노야(쇠고기덮밥으로 유명한 기업)에서 그 맛있는 쇠고기덮밥이 사라지리라고는 꿈에도 생각하지 못했습니다. 한 치 앞도 내다볼 수 없는 시대예요.

이럴 때일수록 한 걸음 앞으로 나가야 합니다. 기회니까요! 한 걸음 나가면 반드시 누군가가 말합니다. "그런 무모한 짓은 그만 두게" 하고 말이죠. 이건 정해진 과정이에요! 마치 세트처럼 따라오니 처음부터 그런 말을 들을 각오를 해 두세요.

그리고 자신이 '이거야!' 하고 정했다면 설령 누군가가 "그건 아냐. 그만 둬" 하고 말하고, "네, 알겠습니다!" 하고 대답했다고 해도 마음 속으로는 '아니, 그런 일은 없어. 나는 무슨 일이 있어도 이렇게 하고 말 거야' 하고 다짐하며 계속 앞으로 나가세요.

그것은 결코 오만이 아니에요. 그 정도 각오는 있어야죠.

웬만큼 안 된다는 말을 들어서는 포기하지 않는 기개가 필요합니다!

운을 강하게 하는 삶의 비법 4

누군가를 두려워할 틈이 있거든
앞으로 나아갑시다!

5. 말은 사람의 마음에 등불을 밝히기 위해 존재한다

 좋은 말은 좋은 책을 읽거나 이야기를 들어도 마음에 스며들기까지 조금 시간이 걸립니다. 영양분이 온몸을 돌아 건강해지기까지 시간이 걸리는 것과 마찬가지로요.

 하지만 나쁜 말, 곧 말이라는 독은 순식간에 온몸으로 퍼집니다.

 "안 돼, 아직 멀었어."

 "아냐, 아냐. 넌 왜 그렇게 의지가 약하니?"

 옳은 말을 한답시고 그런 '독'을 뿜어내고 있지는 않습니까? 그동안 마음에 좋은 말이 쌓인 덕분에 한껏 용기를 내어 앞으로 나가려 할 때, 이같은 말의 독은 단 한 방으로 누군가의 마음에 켜진 등불을 꺼버립니다.

그런 말이 하고 싶어지거든 잠깐 멈춰 서 보세요.

사람은 직접 고난을 겪지 않으면 깨닫지 못하는 생물입니다. 아픈 만큼 성숙한다고 하잖아요. 그러니까 기운차게 앞으로 발을 내디디는 사람이 있다면 기세를 꺾지 말고 밝게 응원해 주자고요.

스스로 '느끼게 해 주자' …… 그런 애정이지요.

사람은 저마다 개성이나 배움이 모두 다릅니다. 직접 고통을 겪을 때가 그 사람이 공부하는 때입니다.

걱정하지 않아도 돼요. 책을 읽으면 더 빨리 일어설 수 있으므로 지나가는 말처럼 좋은 책을 건네 보세요.

너무나 의기소침한 말만 늘어놓거든 가끔은 버럭! 큰소리를 내도 좋습니다. 격려해야 할 땐 격려하고 따끔하게 충고해야 할 땐 충고해 줄 수 있어야겠지요.

이렇게 말하는 저도 과도하게 흥분해서는 그만 지나치게

잔소리를 늘어놓기도 한답니다!

하지만 책을 많이 읽는 덕분에 용기를 얻어 씩씩해지기도 하고 반성하기도 하면서 '좋은 말'을 날마다 쌓아가고 있지요! 헤헤헤.

운을 강하게 하는 삶의 비법 5

사람의 마음에 등불을 밝히는
좋은 말을 씁시다!

6. 천 리 앞에 있는 촛불을 꺼 보게

"천 리 앞에 있는 촛불을 꺼 보게."

이것은 선(禪) 세계의 과제입니다. 선 세계에서는 스승이 이런 과제를 내면 제자는 즉시 대답해야 한답니다.

무척 흥미로운 문제여서 서점에 오시는 손님들에게도 자주 물어요. 손님도 잠깐 생각해 보세요.

손님이라면 뭐라고 대답하시겠습니까?

"휴대전화로 전화를 걸어 친구에게 꺼달라고 하죠."

"커다란 선풍기로 끕니다."

등 어떤 대답도 괜찮습니다.

하지만 선의 세계에서는 "그 자리에서 훅 끈다"고 대답한답니다. 한 번 하려고 마음먹은 일은 더 이상 아무것도 생각하지 말고 그 자리에서 행동으로 옮기라는 뜻이죠.

생각은 거리를 뛰어넘으니까요.

퍼뜩 떠오른 일이 있다면 머리로 점검하지 말고 곧장 실행에 옮겨야 합니다. 머리를 너무 사용하면 행동하기 어려워지니까요.

머리 속에서 이것저것 거리를 재기 때문에 언제까지나 그 자리를 맴맴 돌게 되지요.

그럴 때는 주먹을 불끈 쥐고 이렇게 외치세요.

"하면 된다! 하지 않으면 아무것도 안 된다!"

바로 이 말!

기억하세요~!

바로 움직이지 못하는 까닭은 '사람에게는 굉장한 힘이 있다!'고 생각하지 않기 때문입니다. 하지만 위인전을 읽어보면 거기에 나온 사람들은 대체로 어릴 적부터 백 퍼센트, 좋은 의미에서 생각하지 않는, 곧장 촛불을 끄는 사람들뿐입니다.

히토리 씨도 아이에게 '네!' 하고 대답하도록 가르치면 그것만으로도 출세할 수 있다고 하시더군요. 그리고 '퍼뜩 떠오르는 일은 1초 안에 행동하라'는 것도요……. 2초 3초 생각하면 아무것도 할 수 없으니까! 머리와 마음과 몸은 텅 빌 때까지 사용하라는 말씀도 하셨지요.

손님, 한번 생각해 보세요. 매일 '텅 빌 정도로 열심히' 산다……. 이거, 소홀히 하고 있지 않습니까?

미래는 저편에서 제멋대로 찾아와요.

매일 생각지도 못한 일이 일어납니다. 그러므로, 무슨 일을 추진하든 계획을 치밀하게 세우거나 목표에 지나치게 얽매이지 않는 편이 좋아요. 목표에 사로잡히면 무의식중에 한계를 만들게 되거든요.

그보다는 무슨 일이 일어나든 그 상황에 맞게 움직이는, 한번 달리기 시작하면 전력을 다하는 체질을 닦길 바랍니다.

그리고 이 말, "하면 된다. 하지 않으면 아무것도 안 된다"는 말을 계속 되풀이하면 아무것도 생각하지 않고 한 걸음 앞으로 나올 수 있습니다.

"네, 제가 하겠습니다! 시켜 주십시오!"

하고 말이죠.

어때요? 이런 각오만 있으면 무엇이든 잘 해낼 겁니다. 자신이 한 걸음 앞으로 나오면 만나는 사람도 달라진답니다.

이 말을 몸에 익히는 데 굉장히 좋은 책을 하나 소개해 드리겠습니다! 《사람에게는 엄청난 힘이 있다!》 (시미즈 가쓰요시 지음)

운을 강하게 하는 삶의 비법 6

하면 된다!
하지 않으면 아무것도 안 된다!

7. 생각이 지나치군요!

　저희 서점에는 날마다 많은 사람들이 여러 가지 일을 상담하러 옵니다.

　그런 문제를 들어 주는 사이에 저는 문득 한 가지를 깨달았습니다.

　'세상에는 참으로 다양한 고민이 있지만 그 뿌리에는 문제를 까다롭게 하는 똑같은 원인이 있는 것 같아 ……!'

　그 결과 저는 거의 모든 고민을 효과적으로 해결해 주는 마법 같은 말을 발견했답니다. 핫핫핫……!

　그건 바로 이것입니다.

　"저기요,…… 생각이 너무 지나쳐요!"

조금 전에도 "머리를 쓰지 말고 곧장 행동하라"고 말씀드렸지만, 고민들은 대부분 이 한 마디로 정리할 수 있습니다. 그렇잖아요? 아무리 생각해도 해결되지 않으니까 다람쥐가 쳇바퀴를 돌 듯, 같은 고민을 붙들고 맴도는 거잖아요? 그렇다면 더 이상 생각하지 말고 차라리 마음을 상쾌하게 바꾸는 데 머리를 쓰세요.

산뜻한 머리로 생각하면 실타래처럼 엉킨 머리로 생각하는 것보다 몇 배나 좋은 지혜가 떠오를 테니까요.

그리고 바로 얼마 전 "생각이 너무 지나쳐요!"와 나란히 어깨를 견줄 만큼 굉장히 좋은 말을 우연히 발견했습니다.

…… 훗훗훗! …… 가르쳐 드릴까요? 헤헤헤.

일전에 너무나 목이 말라 캔 커피를 사려다가 깜짝 놀랐습니다. 세, 세상에 그 캔 커피의 가격이 80엔이라는 거예요!

"이게 웬 떡이냐~ 정말 싸구나!"

어쩐지 횡재한 기분이 들었지요. 서둘러 뚜껑을 따서 벌컥벌컥. 그런데…….

"어라? 왠지 보통 캔 커피보다 맛이 좀 싱거운 듯한……
느낌이 드는 걸……!"

싼 게 비지떡이라고 혹시 물이라도 탄 것은 아닐까? 그래서 시험 삼아 또 한 모금.

"음, 이거 확실히 싱거워! 싱거워도 너무 싱거워!"

화가 머리끝까지 난 저는 옆에 앉아 있던 아다다 스즈키 씨와 분노를 함께 나누기 위해 그 일을 죄다 털어놓았습니다. 그러자 온화하게 웃으며 내뱉은 그의 한 마디……!

"기분 탓일세, 기분 탓!"

문화 충격과도 같은 그 말에 스르르~ 힘이 빠졌습니다. 그리고 다음 순간 '기분 탓'이라는 거, 참 좋은 말이구나! 하는 생각이 절실하게 마음에 파고들었지요.

보통 우리들은 시시한 일로 화를 내거나 고민하거나 초조해하거나 남을 헐뜯습니다. 자신에게 무척 손해인데도 무심코 그런 일을 저지르지요.

그럴 때 자신에게 "기분 탓이야" 하고 큰 소리로 한 마디

말해 주세요. 지나치게 고민하는 사람에게 방긋 웃으며,

"생각이 너무 지나쳐!"

자신에게 방긋 웃으며

"기분 탓이야, 기분 탓!"

그런 밝음과 경쾌함이 주위 사람들의 마음을 유쾌하고 따뜻하게 하지요. 웃는 얼굴로 말하면 효과는 배로 늘어납니다! 신기하게도 무엇이든 훨씬 즐겁게 보일 걸요. 내기해도 좋아요!

운을 강하게 하는 삶의 비법 7

고민스럽거나 초조해질 때는
이렇게 말해 보세요!
"생각이 너무 지나쳐! 기분 탓이야,
기분 탓!"

8. 잘 사는 비법은 바로 이것!

지금은 이렇게 말하고 있지만 저도 옛날에는 생각에 빠져 침울하게 지내곤 했답니다. 하지만 '난처하게 됐군' 하고 생각하는 것은 단지 마음의 버릇일 뿐이에요. '지나치게 생각하는' 일도 버릇이고요. 이런 버릇은 훈련만 하면 얼마든지 고칠 수 있습니다. 그러면 사람이 유쾌하게 변해요. 무슨 일이 일어나도 끄떡없어!

책과 사람을 좋아하는 병이 심해져서 마침내 독서보급협회를 만들었더니 이제는 하와이며 한국, 로스앤젤레스에서도 사람들이 찾아온답니다.

여러 가지 일에 손을 뻗으면 아무래도 지금까지 겪지 못한 난처한 일이 일어나지요. 하지만 그럴 때일수록 이 말을 기억하세요! 무슨 일이 일어나도 끄떡없어! 이렇게 중얼거리다 보면 조만간 '그래, 맞아!' 하고 마음에 와 닿을 겁니다. 위기는 기회의 또 다른 말이에요.

요즘에는 텔레비전을 켜면 모두들 '힘들어, 힘들어' 하고 말하고, 신문을 펼치면 '큰일이다, 큰일이다' 하고 써 있습니다. 그러니 더욱 손바닥에 이 말을 써 놓고 몇 번이고 들여다보세요! 마음이 상쾌하면 눈앞에 있는 사람을 위해 무엇을 하면 좋은지 생각하고 재빨리 움직일 수 있습니다.

누군가가 곤란을 겪고 있다는 소문을 들으면 그 사람을 위해 움직이고 대가를 바라지도 않지요.

이런 말을 '책'이나 '언어'로 표현하면 실천하기가 매우 어려워 보입니다. 하지만 웃는 것이 어렵습니까? 사람을 즐겁게 하는 일이 그렇게도 어려운가요? 그렇지 않아요. 손님이라면 틀림없이 할 수 있을 겁니다. 사람에게는 굉장한 힘이 있는 걸요!

마지막으로 한 가지 제 '진짜 본심'을 털어놓겠습니다.

사실은 인간사회에서 살아갈 때 자신의 기분 따윈 아무래도 괜찮습니다. '자신을 그런 식으로 몰아세워 분했다'거나 '누군가의 행동으로 이렇게 불쾌했다'는 등 불평을 주절주절 늘어놓는 사람이 있습니다. 하지만 '내가 이렇다', '내가 어떻게 됐다' 같은 건 아무래도 좋아요. 그보다 '눈앞에 있는 사람을 기쁘게 하려면 무엇을 해야 할까?'를 생각하자고요! 그 편이 훨씬 힘이 납니다. 자신의 집이나 차를 새로 장만해야겠다는 생각에는 별로 힘이 나지 않아요.

그대여, 두 눈빛
말하지 않으니 근심이 없는 듯 보여

사람은 누구나 자기만의 과제를 안고 열심히 살아갑니다.

근심을 말하지 않는 사람은 세상의 고통을 아는, 깊이가 있는 아름다운 사람입니다. 이런 아름다운 사람이 되고 난 뒤에는 그 아름다움을 다른 사람에게 나눠 주는 우수한 사람이 되어야 해요.

사람의 주위에는 반드시 사람이 있습니다. 그러므로, 웃는 얼굴로 그 사람을 칭찬해 주세요. 우선은 그것만으로 충분해요. 사람을 칭찬하다 보면 "너무 비행기 태우지 마세요" 하고 말하는 사람이 반드시 있어요. 하지만 사람에게는 사랑과 빛이 깃들어 있기 때문에 언젠가는 그 사람도 자신의 장점을 확실하게 깨닫게 될 겁니다. 가만히 지켜보며 좋은 점에 초점을 맞춰, 크게 키워 주자고요!

또 "아휴~! 제가 어떻게······" 하고 겸손하게 사양하는 사람도 있습니다. 이것도 '자신'을 너무 의식한 나머지 균형이 흐트러져 있는 상태입니다. 예를 들어 "음, ○○○ 씨는 말을 잘하니까 이번 강연회에서 이야기 좀 해 주었으면 좋겠는데······" 하고 부탁하면 "아휴, 제가 어떻게 그런 일을······. 저 그런 거 못해요" 하고 대답하죠.

산 속에 사는 신선이라면 아무래도 상관없습니다. 하지만 우린 사람들 사이에서 살고 있단 말이죠. 어째서 눈앞에 있는 사람의 마음에 등불을 밝히는 이야기를 해 주지 못한단 말입니까?

만약 '사람에게는 굉장한 힘이 있다'는 사실을 도저히 믿지 못하겠다면 일단 주위 사람을 기쁘게 하는 일에 마음을 쏟아 보세요.

그러면 어느새 엄청난 기적이 일어날 테니까요. 그러고 보면 결국 강운이라는 것도 자신을 위해서가 아니라 다른 사람을 위해 존재한다고 할 수 있지요. 주위 사람들을 행복하게 하기 위해서 말이죠.

> 운을 강하게 하는 삶의 비법 8
>
> 눈앞에 있는 사람을 기운 나게
> 하는 일, 이것뿐!

시미즈의 혼잣말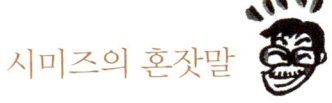

삶이란

고민도 포함해 여러 가지 경험을 하는 것이니, 이왕이면 파란만장하고 극적으로 살았으면 합니다.

무슨 일이 일어나도 끄떡없어!

이 우주에는 반드시 플러스와 마이너스, 음과 양처럼 두 가지 상반된 존재가 균형을 이루고 있습니다. 이것이 우주의 법칙이에요. 그러므로 고민거리가 생기는 순간, 그와 동시에 대답도 우주의 어딘가에 생기게 되지요.

자신과 솔직하게 마주서면 대답은 금방 발견할 수 있어

요. 단지 그 대답이 자신이 가장 보고 싶지 않은 곳에 존재하기에 난처할 뿐이죠.

마음을 냉정하게 먹고 찾아보세요. 틀림없이 대답이 있을 겁니다.

'이것밖에 없어' 하고 못 박지 말자

사람은 '이것은 이래', '나는 이렇게 할 수밖에 없어', '저 사람은 분명히 틀렸어' 하고 못 박을 때부터 어딘가 이상해집니다.

그보다 '저런 길도 있어, 이런 사람도 있어, 이렇게 생각해도 되는구나' 하고 마음을 열어두자고요.

그처럼 여러 가지 가능성을 받아들이는 사람, 그런 사람이 가장 멋지답니다! 저의 혼잣말은 가끔 홈페이지에 살짝 공개하고 있습니다.

관심이 있거든 구경하러 오세요!

http://www.dokusume.com/ 「시미즈 점장의 혼잣말」

Question

시미즈 씨에게 질문! 넷

책에 '내면의 소리'나 '직관, 번뜩임'을 따르라는 말이 자주 나오는데 그게 무슨 말인지 잘 모르겠어요. 가르쳐 주세요. (28세/남성)

Answer 그것은 굉장히 간단해요!

책을 많이 읽거나 여러 사람을 만나면 모르는 사이에 자신 안에 쌓이는 것이 있잖아요? 그 축적이 어느 날 '어쩐지'라는 형태로 떠오릅니다. 그것이 바로 '내면의 소리'이지요.

'어쩐지 좋구나', '어쩐지 마음이 내키지 않아' 같은 그러므로 원래 '어쩐지'라는 말은 자신 안에서 철저하게 계산되어 나온 대답이랍니다.

그런데도 모두들 그럴 듯한 논리가 뒷받침되지 않으면 좀처럼 움직이지 않아요. 무슨 일이든 머리를 써서 '논리적'

으로 설명하도록 배웠기 때문이죠.

하지만 사실은 생각하기 때문에 점점 움직일 수 없게 돼요. '어쩐지'로 움직이지 못하는 것은 '사람에게는 굉장한 힘이 있다!'고 생각하지 않는 증거입니다.

사람은 책을 많이 읽을수록 '사랑'으로 움직이게 되어 있어요. 그런 경지에까지 이르렀다면 이제 '어쩐지'로 움직여도 괜찮습니다.

저도 '어쩐지'로 움직이는 성격이지만 지금까지 아무 탈 없이 잘 살고 있어요. 사람들에게 "저는 전부 '어쩐지'로 움직입니다" 하고 말하면 대부분 걱정스러워할 겁니다. '어쩐지'로 움직이기 시작하면 누군가가 "이봐, 그만 두게" 하고 말리지요.

그래도 걸음을 멈추어서는 안 됩니다. 우리나라 사람들은 좀더 '어쩐지'의 감성을 소중하게 길러야 해요!

Epilogue 에필로그

> **질문!**
> '강운'을 끌어들여 '책 읽는 기분'이 되기 위한 비법을 세 가지로 요약하면 결국 무엇과 무엇과 무엇입니까?

여어~! 드디어 다 말했군. 완전히 취해 버렸어~!

손님, 지금까지 제 이야기를 들어 주셔서 감사합니다.

앗! 손님, 아직 방심하면 안 돼요! 지금부터 손님께 중요한 질문을 할 거니까요.

……하하 손님, 갑자기 '음~' 하고 양미간에 주름을 잔뜩 잡으시네요?

그러면 안 돼죠! 아시겠습니까? 우선은 '웃는 얼굴' 자, 여길 보세요……! 알았죠? 그리고 '나에게는 굉장한 힘이 있어!' 하고 믿으세요.

자, 우리 함께 큰소리로 말해 볼까요? 나에게는 굉장한 힘이 있어!

좋아요, 아주 좋아요~!

그럼 이번에는 팔을 위로 올려 뫼산(山)자를 만드세요. 눈도 크게 뜨고요. 얼굴을 비스듬히 위로 든 다음 …… 시작!

잘하셨어요! 그럼 마지막으로 지금 가장 가까이 있는 사람에게 바로 이 자리에서 기운 나는 말을 해 주세요. "늘 고마워요",

"어머~ 그 옷, 정말 잘 어울린다!" 무슨 말이라도 좋으니까 그 사람의 좋은 점을 찾아 칭찬해 주십시오. 설령 주위에 아무도 없어도 괜찮아요! 거울을 준비해서 자신에게 말하면 되죠.

"오늘도 고마웠어" 하고.

'웃는 얼굴', '자신감', '고마움' 이 세 가지를 언제 어디서든 잊지 않으면 운은 강해져요. 간단하죠?

저는 지금 NPO법인 '독서보급협회'를 설립한 덕분에 이사장이라고 불리고 있습니다. 하지만 이것은 어디까지나 이름일 뿐이에요. 사실은 여러분과 똑같은 입장, 똑같은 사람으로

서 가슴을 열고 이야기를 나누고 싶어요.

진짜 이야기를 하고 싶어요.

상식의 가운데를 말하는 사람은 많습니다. 하지만 저는 상식의 '위'를 여러분과 이야기하고 싶어요. 그래서 모두 함께 운 좋은 사람이 되어 우리나라를 밝히고 싶습니다!

친구는 참 좋아요, 그렇죠? 인생은 절대적으로 유쾌한 사람들과 함께 즐겨야 합니다.

얼마 전 저희 강사인 앤디 스즈키 씨가 나고야를 안내해 주었어요. 맛있는 우동을 먹고 택시에서 운전사와 나고야의 명물에 대해 신나게 이야기했답니다. 나고야 성에서는 "이곳은 가토 기요마사(무사 1562~1611)가 몇 년에 지은 성일세" 하고 여러 가지 지식을 가르쳐 주었습니다. 성을 한 바퀴 돌고 처음에 들어 왔던 길로 나가려고 하자 앤디 씨가 "이쪽, 이쪽! 뒤쪽으로 돌아가요" 하고 작은 문 쪽으로 걸어가더군요.

그리고는 갑자기 작은 소리로 "여기는 후원으로 통하는 길이었어요! 아름다운 여자들이 드나들었다고 생각하면 가슴이 마구 뛰지 않나요? 하하" 하고 무척 신난다는 듯이 가르쳐 주어서 재미있었습니다.

일본 전국에 지부가 만들어져 곳곳에 친구가 생기니 점점 행동반경도 넓어졌습니다.

'먼 곳에서 친구가 찾아오니 이 또한 즐겁지 아니한가'라는 말도 있지만, 서로를 오가며 어울리면 그렇게 흥겨울 수가 없어요.

한국, 하와이, 로스앤젤레스.

해외에도 지부가 생겼습니다. 이런 식으로 사람의 마음에 등불을 밝히는 친구들의 고리가 점점 세계로 퍼져 간다면……! 생각만 해도 기운이 나는군요.

책에서는 용기와 지혜를 가득 얻을 수 있습니다. 사람과 사람이 손을 잡으면 사랑을 많이 실천할 수 있어요.

독서보급협회 회원들은 항상 싱글벙글 웃으며 "이혼 참 잘했어요" 하고 말합니다……. 그렇게 말하면 깜짝 놀라는 사람도 있을 테지요. 하지만 이유를 말하면 대부분 이해해 주실 거라 생각해요.

음, 이런 저희들이 흥미로워 보인다면 손님도 함께 달려보지 않겠어요? 그렇게까지 하지 않더라도 이벤트에는 꼭! 놀러 오세요. 그리고 앞으로는 저마다 진심과 애정을 담아 상식의 '위'를 실천하지 않겠습니까?

최근 회원으로 가입하는 분들이 이런 질문을 자주 하시더군요.

"도대체 독서보급협회는 무슨 일을 하는 단체입니까?"

그러면 저는 반대로 묻습니다.

"당신은 무엇을 하고 싶습니까?"

모두들 레일이 깔린 길을 걷는 데 익숙해져 있습니다.

옛날에는 고등학교든 대학교든 하나부터 열까지 모두 창조해야 했잖아요? 그런데 지금은 처음부터 모두 갖춰져 있기 때문에 뭔가 정해진 길이 있어야 한다고 생각합니다.

그렇지 않아요. 지금부터 모두 함께 머리를 맞대고 멋지게 만들어 가야 합니다. 하나부터 차근차근 쌓아

올리는 일은 분명 재미있을 거예요! 손님도 그래요. 앞으로는 우리나라에 이바지할 수 있는 일을 마음껏 즐기며 생각해서 실천해 가자고요! 그러실 거죠?

아니, 손님! 웃는 모습이 참 멋진 걸요~! 그거예요, 그거! 그 웃음을 저는 기다리고 있었답니다! 가슴 속 깊은 곳에서 우러나오는 환한 웃음만 있으면 저는 더 이상 해 드릴 말씀이 없습니다! '강운'은 이제 손님 옆에 확고하게 서 있는 걸요!

인생길, 산이 나오면 어떻고 계곡이 나오면 어떻습니까? 어떤 길이든 '책 읽는 기분'으로 즐기며 쭈우우우욱 앞으로 내달립시다!

나오는 말

　도쿄 시타마치 에도가와구, 이 동네에서 기운차게 살다보면요, 의리와 인정이란 녀석이 뱃속, 저 밑바닥까지 스멀스멀 배어 옵니다.
　일전에 초대를 받아 찾아간 홋카이도에도 '인정' 넘치는 풍경이 여기저기 보이더군요.
　저는 가슴이 저릿저릿, 코끝이 찡~했답니다. 생각해 보면 아키타에도, 미야기에도, 이바라기에도, 아이치에도, 오사카에도, 고치에도, 가고시마에도…….
　아이고! 도움을 받은 분들을 일일이 열거하자면 한도 끝도 없지요. 일본 전국에서 인연을 맺어 주신 여러분 정말로 고맙습니다.

어쩌면 일본이라는 나라는 조금 점잔을 빼고 있는 것처럼 보일지도 모르겠습니다. 하지만 사실은 어디를 가나 '의리와 인정'으로 넘치며 '강하고 올바르며 아름다운' 멋진 나라랍니다.

얼마 전에도요, 제가 아주 좋아하는 영화 '남자는 괴로워'를 보고 있는데 도라 씨가 그러더군요.

"사람을 위해 덕을 쌓는 일은 설령 아무도 알아주지 않아도 하나님만은 바라보고 계시지."

전국 방방곡곡에서 멋진 사람들과 만나던 도라 씨의 기개를 저도 가슴에 또렷이 새겨 두어야겠다고 생각했습니다.

그럼, 마지막으로 한 마디만!

인생은 흔히 등산에 비유되잖아요? 사람에 따라서 그 '산'은 높기도 하고 낮기도 하고, 가파르기도 하고 완만하기도 하고, 꽃이 가득 피어 있는가 하면 눈이 수북히 쌓여 있고…….

오르는 산은 저마다 달라서 백인백색이죠.

그러므로 누군가가 '이렇게 해서 행복을 이루었다'는 책을 읽고 흉내내 봐도, 여러분의 산에서는 조건이 달라 그대로 사용하면 원하는 것을 얻지 못할지도 모릅니다.

하지만요, 책을 읽고 '과연……!' 하고 생각한 일은 일단 충분히 씹어 여러분의 마음에 쌓아 두세요.

그런 식으로 읽은 책은 어느 새 여러분의 세포 구석구석까지 스며들어서요, 틀림없이 페이지 수의 열 배, 백 배 살아 꿈틀거리는 '힘'이 되어 여러분의 등산을 도울 것입니다.

그리고 또 한 가지.

등산을 할 때 여러분의 옆에서는 친구가 밝은 얼굴로 다른 산을 열심히 오르고 있답니다.

그러니 서로 응원하며 가자고요!

좋은 스틱을 빌려 주기도 하고

맛있는 음식을 나눠 먹기도 하고

큰 소리로 격려하기도 하고
우스갯소리를 해서 기분을 띄우기도 하고요.
함께 울고, 웃고,
돕고, 도움을 받으며
각자의 정상에
똑같이 도달한다면
그것이 진정한 '강운도'.

'운'은 '강한 길'을 따라 찾아옵니다.
그리고 그 길을 강하고 원대하게 만들어 주는 것은 언제나 '사람'이지요.
그 사실을 잊지 말고 밝게 웃으며 모두 즐겁게 산을 오르자고요!
마지막으로, 이 책은 '한일동시발매'라는 기적을 일으켰습니다!
이것은 순전히 '독서보급협회' 한국지부의 우지형 씨가

지닌 '강운'의 덕분입니다.

우지형 씨만큼 '의리와 인정'을 소중히 여기며 강하고, 올바르며, 아름다운, 게다가 유머가 넘치고 웃음이 끊이지 않는 한국인을 저는 본 적이 없습니다.

우지형 씨에게 반했답니다, 헤헤헤.

그리고 종합법령출판의 다케시타 유지 영업부장, 편집을 담당한 세키 슈운스케 씨, 야기 미에 씨에게도 신세를 졌습니다.

앞으로도 계속 이런 기세로 출판업계에 강운의 회오리를 일으킵시다!

그리고 NPO법인 '독서보급협회'의 회원 여러분, '독서권장'의 회원 여러분, 여러분의 덕분에 이 책이 완성되었습니다.

정말로, 정말로 고맙습니다!

여러분과 만날 수 있어서 진심으로 감사하고 있습니다.

마지막으로
이 책을 읽어 주시는 모든 분께
멋진 '책과의 만남' '사람과의 만남'과
'운'과 '기적'과 '강운'이 많이 찾아오기를!

시미즈 가쓰요시(淸水克衛)

역자 후기

생은 고되고 고되다 생각했다. 그러나 이 책을 덮을 즈음 다시 의욕이 솟는다.

시미즈 가쓰요시 씨의 책을 벌써 두 권째 번역하면서 저자의 매력에 흠뻑 빠져들었다. 그의 글은 종이에 얌전히 박혀 있는 게 아니라 살아서 꿈틀댄다. 그리고 나를 향해 끊임없이 밝게 웃는다. 글자만 바라보고 있어도 기분이 상쾌해지고 함께 큰소리로 웃고 싶어진다.

지금은 이렇게 번역을 하며 하루하루 꿈을 향해 발걸음을 앞으로 내딛고 있지만 한때는 내가 진정 원하는 것이 무엇인지 몰라 참 많이도 헤맸다.

중・고등학교 도덕 시험에 '직업을 선택할 때 고려해야 할 것은?' 하는 문제가 나오면 '자아실현'이라는 문항을 찾아 동그라미를 쳤다. 그러나 이렇다 할 감흥은 없었다. 흥! 배부른 소리! 하고 비웃으며 무조건 안정적으로 적당히 돈을 벌 수 있는 직업을 택할 거라 생각했다. 하지만 대학을 졸업한 뒤 적성에 맞지 않아 이 회사 저 회사를 전전하면서 나는 '하루의 대부분을 생활하는 곳'이 직장이므로 이곳에 마음을 쏟으며 행복을 느낄 수 있어야 한다는 사실을 절실히 깨달았다. 내 일에 확고한 자부심을 느끼고 사랑하기에 가끔 난 무척 행운아라는 생각을 한다.

요즘에도 주변에서 그런 말을 자주 듣는다.

"난 내가 하고 싶은 일에 열정을 바치며 살고 싶어. 근데 내가 뭘 하고 싶은지 잘 모르겠어."

80대 20의 법칙이라는 말도 있듯이 우리의 80퍼센트는 아마 이 질문에 답을 찾지 못해 오늘도 머리를 싸매고 있지 않을까?

시미즈 씨는 지금 하고 있는 일을 다른 사람이 칭찬할 만큼 열심히 해 보라고 권한다. 나는 자신과 마주 앉아 진지하게 이야기를 나눠 보라 말하고 싶다.

확실히 모든 의문에는 답이 있으며, 그 답은 대체로 자신 안에 있다. 하필 자신이 가장 보기 싫어하는 곳에 있어서 문제지만······.

사실 자신이 어떤 삶을 살고 싶은지는 이미 알고 있지 않은가? 단지 그것을 이루기까지 넘어야 할 벽이 높고도 단단해 보여서 좀더 쉬운 길을 찾아 헤맬 뿐.

하지만 나카무라 후미아키 씨가 말하지 않았는가?

"실패도, 극적으로 여러 우여곡절을 겪으면서 실패하면 언젠가 성공했을 때 무척 재미있는 이야깃거리가 되지요. 그렇게 생각하면 두려울 게 하나도 없어요. 오히려 뭐든 와라! 실컷 즐겨 주마! 하고 모든 일을 낙관적으로 대할 수 있죠."

사람에게는 굉장한 힘이 있다!

큰맘 먹고 앞으로 발을 쭉 내밀어 보면 가시밭길처럼 보이던 길이 뜻밖에도 평탄하고 즐거울지도 모른다.

상식의 '가운데'에 안주하지 말고 눈을 들어 넓은 세계를 바라보고 큰 뜻을 품어 보자.

지금 등에 짊어진 삶이 너무 무거워 숨만 겨우 쉬고 있는 사람에게 이 책을 적극 권하고 싶다.

이미 말했지만 이 책은 보고만 있어도 힘이 난다.

읽으면 수많은 고민과 걱정으로 그늘져 있던 얼굴에 빛이 어리고 환히 웃게 될 것이다.

이 책은 곧 '강운'이다.

꽉 잡고 집으로 데려 가길!

오늘도 나의 기분은 책 읽는 기분!

나를 변화시키는 힘

강운도

지은이 | 시미즈 가쓰요시
옮긴이 | 김혜숙

펴낸이 | 우지형
기　획 | 김수광, 곽동언
디자인 | 이수디자인
펴낸날 | 2005년 2월 17일(초판1쇄)
펴낸곳 | 나무한그루
등록번호 | 제 313-2004-000156호

주소 | 서울시 마포구 서교동 475-42 오월애빌딩 3층
전화 | (02)333-9028
팩스 | (02)333-9038
이메일 | namuhanguru@empal.com

ISBN 89-955450-4-6 02320

값 | 10,000원

*잘못 만들어진 책은 구입하신 서점에서 교환해 드립니다.

Happybook과 만나세요!

    한국독서보급협회는 책을 사랑하고 그 사랑을 나눌 수 있는 사람이라면 누구나 환영합니다. 한 권의 책이 사람의 인생을 바꿀 수 있듯이 책을 사랑하는 사람들의 모임은 우리사회를 좀더 밝고 아름답게 변화시킬 수 있을 것이라고 믿습니다.

    한국 독서보급협회의 홈페이지는
http://home.freechal.com/happybook 입니다.

    한국 독서보급협회는 양서보급은 물론 일본 독서보급협회와의 지속적인 교류를 통해 회원 여러분에게 다양한 문화적 체험을 제공할 계획입니다. 독서를 통해 아름다운 세상을 만들어 가는 이 운동에 독자 여러분의 동참을 기다립니다. 여러분 한 사람 한 사람의 작은 뜻과 실천이 모여 아름다운 변화의 거대한 물결을 이룰 수 있기를 기대합니다.

    좋은 기분, 책 읽는 기분! 나누는 기분, 즐거운 기분!